Le droit à l'eau à l'épreuve de la protection de l'environnement en Guinée

Faya Samy KAMANO

Le droit à l'eau à l'épreuve de la protection de l'environnement en Guinée

Préface du Dr Kalil Aissata KEITA

L'Harmattan
Guinée

http://www.editions-harmattan.fr

ISBN : 978-2-336-60114-4
EAN : 9782336601144

Dépôt légal : février 2026

DÉDICACE

À ma mère, **Finda Minata Ifono**
dont la force silencieuse, la douceur et la sagesse
guident chacun de mes pas.
Ce travail est le reflet de ses sacrifices
et l'humble hommage de ma gratitude éternelle.

Avant-propos

Depuis mes premières réflexions sur les enjeux du développement en Guinée, l'eau s'est imposée à moi non seulement comme une ressource naturelle, mais comme la matrice même de la vie, un élément vital, stratégique et structurant de toute société. Très tôt, j'y ai vu davantage qu'un simple bien commun : un pivot de souveraineté, un marqueur de justice sociale et un fondement décisif de la protection de l'environnement. À mesure que se transformaient les défis climatiques, que s'accéléraient les pressions anthropiques et que se fragilisaient les équilibres écologiques, s'est affirmée en moi la conviction que le droit à l'eau devait être placé au cœur des débats juridiques, politiques et scientifiques.

Cette conviction est née d'une passion profonde pour ce que j'appelle volontiers la gouvernance verte, c'est-à-dire cette manière d'appréhender les ressources naturelles dans une logique d'équilibre, de responsabilité et de solidarité intergénérationnelle. Au fil des années, cette passion s'est nourrie d'une exploration patiente d'ouvrages issus de disciplines diverses : le droit, certes, mais également l'écologie, les sciences de la nature, l'économie de l'environnement, la gestion intégrée des ressources hydriques et même l'hydrodiplomatie, dont les enseignements résonnent fortement dans un pays aussi largement doté en eaux continentales que le nôtre.

Ce livre s'inscrit dans cette démarche : ramener la question du droit à l'eau et de sa confrontation avec la protection de l'environnement au premier plan des politiques publiques, dans un contexte où les mutations climatiques imposent une refondation des cadres juridiques. Il ne s'agit ni d'une vérité définitive ni d'un discours prescriptif. Je ne prétends n'offrir ici qu'une contribution modeste, un premier jalon, une réflexion appelée à être discutée, complétée et améliorée. L'ambition de ce travail réside moins dans l'affirmation d'un savoir achevé que dans l'ouverture d'un espace de dialogue entre juristes, chercheurs, praticiens, institutions publiques et citoyens.

Le présent ouvrage propose ainsi une analyse juridique des tensions, des complémentarités et des perspectives que révèle l'articulation entre **le droit à l'eau**, reconnu comme droit fondamental, et **la protection de l'environnement**, érigée en exigence constitutionnelle. Cette étude, qui croise les approches normatives, institutionnelles et doctrinales, se veut à la fois accessible, fidèle aux exigences de la recherche juridique tout en demeurant sensible à la complexité du réel.

Si une seule idée devait être retenue de ce livre, ce serait probablement celle-ci : protéger l'eau, c'est protéger l'avenir. Et si ce livre contribue, même modestement, à éclairer cette évidence, à susciter une interrogation nouvelle, ou à renforcer l'action publique en faveur d'une gestion durable de la ressource, alors il aura pleinement rempli sa vocation.

REMERCIEMENTS

La finalisation de ce travail n'a été possible que grâce à celles et ceux qui, avec constance et bienveillance, se sont prêtés de bonne grâce à toutes mes sollicitations. Je tiens à exprimer ma profonde gratitude :

À mon directeur de mémoire, Dr Abdourahame DIALLO, pour l'attention soutenue, la disponibilité et la rigueur scientifique qu'il a déployées afin de conduire ce travail à son aboutissement.

À Dr Ansoumane SACKO, Directeur du Master *Droit de l'Environnement, Mines et Développement durable* et Doyen de la Faculté des Sciences juridiques et politiques de l'Université Général Lansana Conté de Sonfonia, pour les opportunités qu'il m'a offertes et l'encadrement académique dont j'ai bénéficié tout au long de mon parcours en master.

À mon préfacier, Dr Kalil Aissata KEITA, pour le temps de lecture, les corrections minutieuses et l'intérêt porté à ce travail.

À Dr Jean Paul KOTEMBEDOUNO pour ses conseils, son sens d'écoute et de rigueur contagieuse.

À Dr Ibrahima DIALLO et à M. Sâa Pascal TEINGUIANO, dont l'influence intellectuelle a profondément nourri ma passion pour le droit de l'environnement.

À mon frère Alpha Saliou DIAKITE, pour les conseils avisés et les orientations constantes qui accompagnent chacun de mes travaux de recherche.

À M. Yéké BONAMOU, pour l'affection fraternelle et l'attention d'aînesse qu'il me témoigne depuis nos premières rencontres.

Mes remerciements vont également **au juge Alpha CAMARA, au procureur Pierre Segbé KAMANO, à M. Tokpa Jean Victoire KOLIE, M. Lonseny KEITA et M. Christian Desco CONDE**, pour l'estime, la confiance et l'admiration qu'ils m'accordent depuis toujours.

À Mouhamadou DIALLO (Juriste de Sigon), pour sa disponibilité constante et ses critiques constructives depuis nos premiers travaux dirigés en licence.

À mon ami Saidou Diané, pour son compagnonnage sincère, loyal et intellectuellement stimulant.

Les mêmes remerciements s'adressent à **Abdoulaye CONDE, Ibrahima Kalil KEITA (IKK), Zakaria SACKO, Sekou DIOMANDE, Daouda BAH, Ousmane CAMARA, Morlaye TOURE, Ali CAMARA, Ismael TRAORE, Mohamed CHERIF (Haadji)** ainsi qu'à l'ensemble de mes amis de la **10e promotion de droit** et de la **deuxième cohorte du Master Droit de l'Environnement, Mines et Développement Durable** de l'Université Général Lansana Conté de Sonfonia sans oublier l'ensemble de mes formateurs, étudiants et toutes ces personnes que je ne peux nommément citer ici.

Un clin d'œil amical va également à mes compagnons du cercle de réflexion et de proposition ***Intelligensia 3.0,*** pour la richesse de nos échanges et la profondeur de nos débats.

Enfin, ma reconnaissance la plus sincère à ma famille :
à ma mère, Finda Minata IFONO, pour son soutien indéfectible ;
à mon père, Aly KAMANO, pour sa présence et ses encouragements ;
à mon grand frère, Tamba Alima KAMANO ;

et **à mes sœurs, Sia Mialla Kamano, Koumba Victorine KAMANO et Rose Finda Bintou KAMANO** dont l'affection et l'accompagnement ont été d'un précieux réconfort.

PRÉFACE

Il est des rencontres humaines qui dépassent les contingences ordinaires et qui, avec le temps, s'imposent comme des alliances fécondes faites de respect, d'admiration et de camaraderie sincère. Celle que j'entretiens avec **Monsieur Faya Samy KAMANO** appartient indéniablement à cette catégorie rare. Membre du cercle de réflexion et de proposition ***Intelligensia 3.0***, ma relation avec Monsieur KAMANO s'est construite au fil du temps, dans les couloirs feutrés de l'univers académique, à travers nos échanges passionnés sur le droit, en particulier le droit public africain, et dans des moments de fraternité sincère. De cette proximité est née une véritable complicité intellectuelle que je nourris et chéris depuis plusieurs années.

Préfacer l'ouvrage qu'il consacre au ***Droit à l'eau et à la protection de l'environnement en Guinée*** fut, pour moi, bien plus qu'un exercice scientifique : ce fut un moment d'élévation, une plongée dans les profondeurs d'une pensée rigoureuse, sensible et engagée. Je connais l'homme ; j'admire le chercheur ; je respecte le juriste. Mais je découvre ici, une fois encore, le pédagogue visionnaire. Ce texte porte la marque de son auteur : précision conceptuelle, exigence méthodologique, finesse analytique et sens aigu du bien commun.

Dans un contexte où les enjeux environnementaux commandent une réévaluation urgente de nos modèles politiques et juridiques, ce livre prend place comme une contribution essentielle, non seulement pour les juristes, mais pour tous ceux qui aspirent à une gouvernance responsable des ressources naturelles. L'eau, cette ressource à la fois fragile et vitale, ce « droit carrefour » comme le nomme la doctrine, trouve ici une étude d'une rare profondeur. Le lecteur y percevra une volonté farouche de concilier science juridique, conscience écologique et exigence citoyenne.

D'un point de vue personnel, je ne peux m'empêcher de souligner que ce travail reflète pleinement la dimension humaine de son auteur. Monsieur Faya Samy KAMANO (Professeur pour les intimes) porte en lui ce mélange harmonieux de rigueur et d'humilité, de détermination et d'écoute, de science et de sensibilité. Ceux qui ont eu le privilège de travailler à ses côtés, dans les salles de cours, dans les séminaires de recherche, dans les conférences et rencontres publiques, dans les réflexions sur la réforme de notre droit, reconnaîtront ici sa signature intellectuelle.

Notre amitié, bâtie au fil des échanges, des débats parfois vifs, mais toujours respectueux, trouve dans ce livre un écho particulier. Car au-delà du juriste et du chercheur, c'est la vision éthique de l'homme que l'on entrevoit dans ces pages : un humaniste convaincu que le droit n'a de sens que s'il sert la dignité humaine et préserve l'avenir.

L'ouvrage s'ouvre sur une évidence aussi simple que vertigineuse : *l'eau est la condition première de toute existence humaine*. En retraçant l'affirmation progressive du droit à l'eau dans les systèmes juridiques contemporains, l'auteur plonge le lecteur dans l'histoire tourmentée d'un droit encore jeune, inachevé, oscillant entre fragilité normative et impératif vital. Il montre comment ce droit, longtemps ignoré des constitutions, s'est frayé un chemin dans le paysage juridique international à travers les droits de l'homme, le droit de l'environnement et les principes du développement durable.

Rapidement, l'eau apparaît comme un **droit carrefour** : elle irrigue le droit à la vie, conditionne le droit à la santé, fonde la dignité humaine et détermine la survie des écosystèmes. Cette transversalité en fait un droit inédit, exigeant, multidimensionnel, un droit dont la définition échappe aux catégories traditionnelles et bouscule les frontières établies.

Dans une analyse claire et fouillée, l'auteur dévoile ensuite le long cheminement de ce droit dans l'ordre juridique guinéen. Du silence explicite de la Constitution de 1958 aux avancées prudentes des textes fondamentaux successifs, jusqu'aux timidités des réformes récentes, la Guinée donne l'image d'une **reconnaissance encore hésitante**, éparse, parcellaire, comme si le droit à l'eau était perçu, mais jamais tout à fait nommé. Pourtant, à travers le droit à un environnement sain, pourtant à travers des engagements internationaux résolus, les germes d'une fondamentalité s'installent.

L'un des apports majeurs du manuscrit réside dans l'étude minutieuse de l'architecture normative guinéenne : code de l'eau, Code de l'environnement, conventions internationales. Il y montre un appareil juridique riche, mais encore peu articulé, un cadre institutionnel dense, mais souvent dispersé, un régime de propriété hydrique soigneusement construit, mais difficilement effectif. L'eau, bien public naturel inaliénable et imprescriptible, se trouve au cœur d'un réseau de prérogatives étatiques, de responsabilités collectives et d'obligations diffuses.

L'auteur met en lumière une tension fondamentale : la consécration juridique existe ; l'effectivité, elle, demeure fragile. Les enjeux écologiques, les pollutions croissantes, la dégradation des ressources, la pression démographique et les pratiques non contrôlées contredisent trop souvent les normes qui prétendent protéger l'eau. À ce titre, l'étude des obligations de l'État (respecter, protéger, mettre en œuvre) révèle autant d'ambitions que de défaillances. L'eau en Guinée, malgré ses abondances naturelles, demeure menacée, mal gérée, parfois mal protégée.

Toute l'analyse converge alors vers une interrogation capitale, qui constitue la véritable respiration intellectuelle de l'ouvrage : ***Comment assurer en Guinée un exercice réellement effectif, durable et écoresponsable du droit à l'eau, dans un contexte où la ressource est à la fois abondante, convoitée, fragilisée et mal maîtrisée ?***

À cette question, l'auteur apporte des pistes, parfois théoriques, souvent critiques, toujours ancrées dans la nécessité d'un renouveau normatif et institutionnel. Il plaide pour une gouvernance intégrée des ressources hydriques, une meilleure articulation des normes, une montée en compétence des acteurs, une planification durable, et surtout une reconnaissance constitutionnelle explicite du droit à l'eau.

L'ouvrage s'achève comme un appel : celui d'une Guinée qui, forte de son statut de *« château d'eau de l'Afrique de l'Ouest »*, doit saisir la chance unique d'être un pays où l'eau est non seulement une ressource naturelle, mais aussi une ressource stratégique, démocratique et civilisationnelle.

Ainsi, cette œuvre dépasse les contours du droit positif : elle esquisse une philosophie guinéenne de l'eau, où le droit devient un outil d'humanisation, un instrument d'équité et un levier de préservation de la planète.

Cet ouvrage s'impose comme une référence. Il enrichit la doctrine, éclaire les praticiens, inspire les décideurs et ouvre des voies nouvelles à la recherche. Je le recommande avec une entière conviction, conscient du rôle que cette œuvre jouera dans le débat guinéen, et africain, sur l'eau, l'environnement et le développement durable. C'est donc avec honneur, amitié et profonde estime que je signe cette préface, en souhaitant à ce livre la large audience qu'il mérite et à son auteur la reconnaissance académique et institutionnelle que son travail appelle naturellement.

Dr Kalil Aissata KEITA

Docteur en droit public, Enseignant-chercheur
Conseiller juridique du ministère de l'Administration du Territoire et de la Décentralisation (MATD)
Ami, collègue et compagnon de réflexion scientifique

SIGLES ET ABRÉVIATIONS

ABN : Autorité du Bassin du Niger
AGEE : Agence Guinéenne d'Évaluation Environnementale
AL : Alinéa
AN : Assemblée Nationale
Art. : Article
CA : Cour d'Appel
CADH : Charte Africaine des Droits de l'Homme
CEDEAO : Communauté Économique des États de l'Afrique de l'Ouest
CIJ : Cour International de Justice
CJ-CEDEAO : Cour de Justice de la Communauté Économique des États de l'Afrique de l'Ouest
CDESC : Comité des Droits Économiques et Socio-Culturels
CTRN : Conseil Transitoire pour le Redressement National
CNE : Commission Nationale de l'Eau
C. civ : Code Civil
C. ch. : Code de la Chasse
C. de la pê. : Code de la Pêche
CEDH : Cour Européenne des Droits de l'Homme
C. envir. : Code de l'Environnement
C. for. : Code Forestier
Cf. : Confère
C. Min. : Code Minier
Coll. : Collection
Coord. : Sous la Coordination de...

C. pén. : Code Pénal
CPI : Cour pénale internationale
CPCEA : Code de Procédure Civile, Economique et Administrative
CPP : Code de Procédure Pénale
CS : Cour Suprême
Dir. : Sous la Direction de...
DD : Développement Durable
éd. : Édition
EPA : Établissement public à caractère administratif
FH : Fond de l'Hydraulique
GIRE : Gestion Intégrée des Ressources en Eau
L. : Loi
N° : Numéro
OUA : Organisation de l'Unité Africaine
O.N.U : Organisation des Nations Unies
Op. cit : Ouvrage (ou article) déjà cité
PAGSEM : Programme Appui Gouvernance Émergence du Secteur Minier
PIDESC : Pacte International relatif aux Droits Économiques et Socio-Culturels
Préf. : Préface
PUEG : Programme Urbain Eau Guinée
RADE : Revue Africaine de Droit de l'Environnement
RJE : Revue Juridique de l'Environnement
SNAPE : Service National des Points d'Eau
SEG : Société des Eaux de Guinée
SGG : Secrétariat Général du Gouvernement
UA : Union Africaine

INTRODUCTION

« Le droit à l'eau est indispensable pour mener une vie digne. Il est une condition préalable à la réalisation des autres droits de l'homme[1]. »

1. Cette affirmation du comité des droits économiques, sociaux et culturels des Nations Unies traduit une évidence normative et axiologique. Elle souligne la place centrale de l'eau dans la préservation de la vie humaine et des écosystèmes, tout en rappelant aux États leur obligation fondamentale de garantir une protection effective de ce droit, afin d'assurer la mise en œuvre d'autres droits fondamentaux corrélés[2]. Le droit à l'eau, en ce sens, ne saurait être envisagé comme un droit autonome au sens strict, mais plutôt comme un droit transversal, fondamental à la réalisation de plusieurs autres droits fondamentaux, tels que le droit à la santé, à l'alimentation, ou encore le droit à un environnement sain. Cette transversalité lui confère une valeur structurante dans l'architecture des droits de l'homme, le hissant au rang de droit incontournable, tant du point de vue de la sauvegarde de la dignité humaine que pour la garantie de la durabilité écologique.

2. Faire donc une étude exhaustive sur le droit à l'eau constitue un exercice complexe et difficile à surmonter, tant sur le plan contextuel que conjoncturel. Car, à bien des égards, ce droit n'est ni neutre ni exclusif. Il se situe à

[1] Comité des droits économiques, sociaux et culturels, Observation générale n° 15 Doc. ONU E/C.12/2002/11, 20 janv. 2003, p 15.

[2] Il s'agit entre autres du droit à la vie, du droit à la santé, du droit au logement, du droit à l'assainissement, du droit à un niveau de vie suffisant, etc.

l'interface de plusieurs branches du droit et s'inscrit dans un réseau d'interdépendances normatives. Autrement dit, il est d'abord solidaire, ensuite isolable, et relationnel avant d'être véritablement autonome.

3. Ce constat liminaire revêt une portée déterminante, en ce qu'il invite à une réflexion approfondie sur la nature et la portée juridique du droit à l'eau. En effet, toute tentative de conceptualisation de ce droit suppose de s'interroger sur les rapports qu'il entretient – de manière effective ou simplement postulée – avec le droit à l'environnement d'une part, et avec les droits de l'homme d'autre part. Autrement dit, la compréhension du droit à l'eau ne saurait être isolée de l'ensemble normatif et axiologique auquel il se rattache, puisqu'il s'inscrit à la croisée du droit environnemental, du droit international des droits de l'homme et du droit au développement durable.

4. En effet, le droit de l'environnement, malgré sa parution récente comme domaine juridique tout au moins original, a réalisé des avancées spectaculaires dont les raisons pourraient se justifier au regard de l'importance de son champ d'action ou de la nécessité de son objet d'étude : *la protection de l'environnement*. Discipline juridiquement jeune, ce droit a fait son apparition en droit international, à une période où la communauté mondiale prenait pleinement conscience des menaces croissantes pesant sur le patrimoine naturel, du fait des activités humaines intensives et non maîtrisées. Cette émergence traduit ainsi la volonté collective des États et des organisations internationales de doter la protection de l'environnement d'un cadre normatif cohérent, susceptible d'en assurer la préservation durable.

5. Cette apparition du droit de l'environnement, caractérisée à la fois par sa codification sur le plan

international et par son insertion progressive dans les législations nationales, a fini par engendrer un droit nouveau au bénéfice des personnes : *le droit à un environnement sain.* Contribuant ainsi à redéfinir et à réorienter l'ancienne approche des droits de l'Homme, jusqu'ici connue par la littérature juridique[3]. La première affirmation importante du rapport entre droits de l'Homme et protection de la qualité environnementale se trouve dans la Déclaration de Stockholm sur l'Environnement Humain adoptée en 1972[4].

6. Le principe premier de cette Déclaration, qui résulte de la première conférence des Nations Unies sur l'environnement, proclame que l'homme a un droit fondamental à la liberté, à l'égalité et à des conditions de vie satisfaisantes, dans un environnement dont la qualité lui permet de vivre dans la dignité et le bien-être. Il a le devoir solennel de protéger et d'améliorer l'environnement pour les générations présentes et futures.

7. La formulation, *a priori* très simple de ce principe, contient tous les éléments qui permettent d'approcher la protection de l'environnement aussi bien dans son appréhension écologique que dans sa dimension sauvegarde des droits de l'Homme. Il reconnaît que la jouissance de la liberté et de l'égalité par les êtres humains est indissociable de la préservation d'une qualité environnementale de nature à permettre l'accomplissement

---

[3] Cette approche se limitait à distinguer deux catégories de droits de l'homme : les droits civils et politiques, d'une part, et les droits économiques, sociaux et culturels, d'autre part.

[4] Déclaration de la Conférence des Nations Unies sur l'environnement, Rapport de la Conférence des Nations Unies sur l'environnement, Nations Unies, (Déclaration de Stockholm) A/CONF.48/14, 2 et Corr.1 (1972).

de la dignité et du bien-être humain[5]. La qualité de l'environnement devient une valeur en ascension dans les préoccupations sociales, et, par voie de conséquence, le statut du cadre de vie s'élève dans la hiérarchie des intérêts protégés par le droit[6].

8. Les droits de l'Homme vont, par cette allure, connaitre une mutation progressive justifiant l'extension de leurs contenus. Cette tendance pour le coup révolutionnaire aura pour conséquence le bouleversement de la catégorisation existante des droits de l'Homme. D'une classification binaire repartie en deux types de générations, l'idée d'une troisième va éclore. Ainsi donc, cette troisième génération des droits de l'homme va naitre comme complément aux deux premières, c'est-à-dire aux côtés des droits civils et politiques et des droits économiques, sociaux et culturels[7]. C'est dans ce contexte d'élargissement conceptuel que va naître le droit à l'eau comme contenu désormais indispensable des droits de l'homme.

9. Très tôt après son apparition, aux environs des années 1970, on a assisté à un certain progrès du droit à l'eau, par son intégration dans des normes internationales portant sur des matières spéciales. La communauté internationale a vite accordé une attention particulière audit droit, en le concevant comme un droit d'avenir par lequel l'humanité réussirait à réaliser l'idéal du développement

---

[5] Francioni FRANCESCO, « *La dimension environnementale des droits de l'homme entre individualisme et intérêt collectif* », (dir.) in écrit à l'honneur de Pierre Marie DUPHY, *Unité ou diversité du droit international*, Leiden Boston, 2019, p. 949.

[6] Michel PÂQUES « *L'environnement un certain droit de l'homme* », *Revue Tiers Monde*, n° 192, Bruxelles Bruylant, 2007, p. 38-66.

[7] Les trois générations de droits de l'homme: ils appartiennent à la proposition faite en 1977 par Karel Vasak, un juriste tchèque dont les théories ont leur fondement principal dans la législation européenne.

durable. Ce fut le début d'un certain rattachement du droit à l'eau au droit à la vie, à la santé, à la nourriture, au logement, aux loisirs et à bien d'autres encore.

10. En raison de son importance indéniable, ce droit inédit deviendra, à l'image de quelques droits subjectifs phares, une considération incontournable parmi les droits de l'homme, à un point tel que dans son observation générale N° 15 sur le droit à l'eau, le Comité des droits économiques, sociaux et culturels des nations unies en a donné la meilleure approche qui soit : « le droit à l'eau est un droit carrefour[8]. »

11. Si beaucoup de droits semblent être largement consacrés et garantis, en droit interne comme en droit international, il faut signaler que le droit à l'eau, bien qu'incontournable, demeure aujourd'hui à un stade où sa consécration demeure encore lacunaire, en ce sens que les traités internationaux et les constitutions qui le consacrent explicitement ne sont pas encore légion. Cette réalité ne l'empêche pas, malgré tout, à se forger une place de choix dans la littérature contemporaine des droits de l'homme. Car depuis au moins deux décennies « *est affirmé avec de plus en plus de force et de constance un nouveau droit de la personne que l'on désigne généralement sous le nom de « droit à l'eau*[9] *»*.

12. Il existe de nos jours des textes internationaux juridiquement hétérogènes qui consacrent ce droit avec des

---

[8] Comité des droits économiques et sociaux culturels, *Question de fond concernant la mise en œuvre du pacte international relatif aux droits économiques, sociaux et culturels Op.cit.* , p. 17.

[9] Pierre Marie DUPHY « *Le droit à l'eau : un droit international* ? » *European university of Law*...2006, p.6.

différences statutaires et substantielles [10], lesquels concourent à élever et à élargir ses fondements. C'est le cas de la Convention sur les droits de la femme et de la Convention relative aux droits de l'enfant. Cependant, on aurait déjà pu trouver des émergences antérieures du même droit en droit international humanitaire.

13. En outre, des instruments relatifs à la protection de l'environnement énonceront également le droit à l'eau en termes de droit de la personne. C'est le cas du préambule de la Déclaration de Mer Del Plata de la Conférence des Nations Unies sur l'eau. Il en est de même du paragraphe 18.47 d'Action 21, programme qui accompagne le rapport de la Conférence des Nations Unies sur l'environnement et le développement tenu à Rio en juin 1992. La Convention de New York sur le droit relatif aux utilisations des cours d'eau internationaux à des fins autres que la navigation adoptée en 1997 demandera quant à elle qu'une attention spéciale soit accordée à la satisfaction des besoins humains essentiels"[11].

14. À l'échelle du continent africain, la consécration du droit à l'eau s'est quelque peu affirmée à travers la conception des normes rivées vers la protection des écosystèmes au niveau continentale comme au niveau communautaire. L'exemple illustratif, au niveau régional, est la Convention de Maputo sur la conservation de la nature et des ressources naturelles, laquelle a remplacé la Convention d'Alger du 15 septembre 1968, adoptée le 11 juillet 2003, qui vise la conservation et l'utilisation rationnelle des ressources en eau, en sol, en flore et en faune. Au niveau des régions d'Afrique, la volonté des États s'est manifestée au tour des projets communs (navigation,

---

[10] *Ibid.*, p.12.
[11] *Ibid.*, p.14.

énergie, protection des écosystèmes, etc.) ou de dynamiques régionales (Protocole SADC en Afrique australe sur les cours d'eau partagés, PAGIRE de la CEDEAO, Convention de la CEEAC en Afrique Centrale etc.[12]). En 2002 va être adopté, pour la première fois, un document portant spécialement sur le droit à l'eau, qui est considéré comme l'outil référent sur le sujet. Il s'agit de l'Observation générale N° 15 sur le droit à l'eau, rédigé par le Comité des droits économiques, sociaux et culturels des Nations unies[13].

15. Toute cette consécration normative du droit à l'eau ne relève nullement du hasard. Elle s'explique, en effet, par la nature même de la ressource sur laquelle ce droit se fonde : l'eau. Ressource rare, mais indispensable, l'eau est au centre des enjeux humains, économiques et écologiques contemporains. Sa préservation est un préalable essentiel à la réalisation des Objectifs de Développement durable (ODD), au premier rang desquels figure l'éradication de la pauvreté[14]. Sa protection, en ce sens, dépasse la simple dimension normative : elle vise à garantir les conditions de l'épanouissement humain, du bien-être individuel et collectif, et de l'équilibre des écosystèmes. Le droit à l'eau devient, par sa nature même, un droit-pivot, au croisement des droits sociaux et des exigences environnementales.

16. Cependant, la croissance démographique, les besoins de plus en plus importants des pays en voie de développement et des pays industrialisés, ainsi que les aléas

---

[12] Kabinet KOMARA « *L'eau enjeux vital des relations internationales, Eaux transfrontalières : bombes à retardement ou facteurs de coopération et de paix ?* » Cherche Midi, 2018, p.83.

[13] L'observation générale N° 15 sur le droit à l'eau est parmi les instruments juridique qui, pour l'essentiel, traitent avec le mieux de détails la notion le droit à l'eau.

[14] *Ibid.*, p.16.

climatiques exacerbent le caractère vital de l'eau[15]. De façon générale, la situation de l'eau est assez préoccupante dans presque toutes les régions de la planète, que ce soit en raison de la dégradation de sa qualité comme en Europe, ou de sa rareté et de la difficulté d'y accéder comme en Afrique. C'est pourquoi elle a fait l'objet d'une attention particulière au cours de ces dernières années, tant au niveau international et régional, où divers forums ont été organisés en vue de dégager des principes de base pour une gestion rationnelle de cette ressource limitée, qu'au niveau national où l'on assiste, même en Afrique, à un renforcement ou à un renouvellement des législations en la matière[16]

17. Ces quelques instruments juridiques suscités, de portée contraignante et non, qui consacrent le droit à l'eau à l'échelle internationale sont significatifs, comme nous le disions tantôt. Cela est d'autant plus évident que nous en faisons le constat dans l'engagement croisé des acteurs de la société internationale à protéger ''la ressource en eau'' et à, corrélativement, protéger une autre dimension des droits de l'Homme.

18. La question du droit à l'eau et la nécessité de protection de l'environnement se posent presqu'à tous les niveaux et aucune société ne se trouve épargnée, d'autant plus que les changements climatiques sont des phénomènes globaux qui se posent à chaque pays avec des proportions particulièrement distinctes. La République de Guinée n'est donc pas en reste de ces problèmes. C'est en cela que l'essentiel du présent travail s'attèle à étudier les contours

---

[15] Laurence Boisson DE CHAZOURNES « *Le droit à l'eau et la satisfaction des besoins humains : notion de justice* », pp. 961-981, in écrit à l'honneur de Pierre Marie Duphy, unité ou diversité du droit international, Leiden Boston, 2019, 1007p

[16] Maurice KAMTO, « *Le droit de l'environnement en Afrique* », EDICEF Paris, EDICEF/AUPELF, 1996, p.232.

du « droit à l'eau et la protection de l'environnement en Guinée ».

19. En effet, les potentialités hydriques de la Guinée sont énormes (château d'eau de l'Afrique de l'Ouest), avec 13 milliards de m^3 environ d'eau souterraine et une pluviométrie moyenne de 1988 mm/an inégalement répartie dont les pics peuvent atteindre 4 000 mm à 4500 mm de pluie par endroit[17]. Celles-ci ne sont pas à l'abri des défis environnementaux, car à toutes les phases aussi bien de construction que d'exploitation des ouvrages hydrauliques par exemple, les préoccupations environnementales doivent être bien perçues. Des barrages mal conçus peuvent avoir un effet néfaste sur les ressources de la biodiversité (flore, faune, micro-organismes). Il peut également en résulter des catastrophes naturelles (inondations des terres agricoles, érosion du sol, en amont et en aval) de même que des problèmes de sédimentation, d'ensablement et d'assèchement des eaux.

20. En outre, la construction des barrages implique souvent le déplacement volontaire et involontaire des populations. Cela crée des difficultés lorsque les populations sont amenées de manière non volontaire à se déplacer des terres fertiles pour s'installer sur des terres marginales avec comme conséquence, une intensification des problèmes sociaux et environnementaux. Par conséquent, la conception d'un barrage ou d'un réservoir devrait tenir compte de toutes les options possibles qui minimiseraient les coûts environnementaux, économiques et sociaux du chantier[18]. Les unités d'exploitation d'eau

[17] Ministère de l'Environnement, des Eaux et Forêts, *Politique Nationale de l'Environnement de la République de Guinée*, édition 2016, p.91.
[18] *Ibid.*, p. 93.

deviennent aussi de plus en plus nombreuses. On en compte plus de 380, dont 120 pour la seule préfecture de Siguiri[19]. Mais la plupart d'entre elles échappent, relativement, au contrôle des autorités. Ce qui élève le niveau du risque sanitaire. Cette prolifération a aussi des conséquences négatives sur l'environnement et la production animale[20]. En cela, l'exercice du droit à l'eau et l'impératif de protection de l'environnement méritent d'être étudiés, à l'effet de comprendre leur portée juridique en droit positif guinéen.

21. Aucun texte juridique universel contraignant ne fournit à ce jour une définition claire du droit à l'eau. L'expression elle-même est apparue tardivement, autour des années 1970, dans le contexte de l'évolution des droits de la troisième génération. Elle découle d'une prise de conscience : la protection de la dignité humaine implique non seulement de préserver la vie, mais aussi d'éviter toute situation de privation extrême, notamment celle liée à l'accès à l'eau potable.

22. Si les grandes proclamations des droits de l'homme, comme la Déclaration universelle de 1948, sont silencieuses à ce sujet, c'est parce que les enjeux environnementaux et sociaux collectifs n'avaient pas encore pénétré l'agenda juridique international. C'est donc par glissement progressif, à travers l'interprétation de droits existants (santé, vie, logement…), que le droit à l'eau a acquis une reconnaissance implicite, avant d'être explicitement évoqué dans des textes récents à portée non

---

[19] www.gunééneneews.org, information consultée le 13 juin 2022.
[20] *Ibid.*,

contraignante. Mais jusqu'alors, l'expression « droit à l'eau » n'avait pas été définie[21].

23. Le Code de l'eau de la République de Guinée, bien que consacrant ce droit à certains égards, ne l'a pas non plus défini de manière expresse. Les tentatives de définition que l'on a de ce droit oscillent entre celles données par la doctrine et celle du Comité des droits économiques, sociaux et culturels des Nations unies. Pour l'intérêt du travail à réaliser, nous faisons le choix de recourir à ces considérations invoquées ci-dessus, avec comme exigence un regard neuf, critique et largement interrogateur en vue de livrer, dans la mesure du possible, une approche convenable susceptible d'être prise en compte.

24. Le Comité des droits économiques, sociaux et culturels des Nations unies affirme que le droit à l'eau « consiste en un approvisionnement suffisant, accessible et à un coût abordable, d'une eau salubre et de qualité acceptable pour les usages domestiques et personnels de chacun »[22] .

25. Pour le professeur Petrella Ricardo, le droit à l'eau est « le fait de pouvoir accéder à un volume d'eau potable et fraiche, considérée par la société comme étant nécessaire et indispensable pour assurer une vie décente, d'une qualité aux normes mondiales de santé et de sécurité »[23] .

---

[21] Jean-Michel OLAKA, « *Le droit à l'eau* », Université Jean Moulin Lyon 3, Thèse école doctorale droit de l'environnement, présentée et soutenue publiquement le 10 juillet 2008, p.237

[22] Comité des Droits Économiques et Sociaux Culturels, *Question de fond concernant la mise en œuvre du pacte international relatif aux droits économiques, sociaux et culturels* Op.cit. , p. 1.

[23] JEAN-Michel OLAKA, « *le droit à l'eau* », *Op.cit.*, p.241.

26. Pour Bertrand Charrier, directeur général de Green Cross International, le droit à l'eau désigne : « Le droit d'accès à une « eau pour la vie » en quantité et en qualité satisfaisantes pour satisfaire les besoins individuels en termes de boisson, d'hygiène, de nettoyage et de cuisine et pour produire de la nourriture ou des revenus dans le cadre d'une économie de subsistance »[24].

27. Ces trois définitions semblent ne pas être totalement différentes, du moins substantiellement. À les analyser donc de près, nous réalisons qu'elles limitent toutes l'exercice de ce droit au profit de l'homme en mettant, respectivement, un accent particulier sur les critères de ''qualité et de quantité'' de la ressource en eau que les personnes doivent bénéficier.

28. Si cette première définition, largement reprise par la doctrine, a le mérite d'être détaillante telle qu'énoncée, il faut souligner qu'elle nous parait insuffisante en ce sens qu'elle a une approche minimaliste du droit à l'eau. Cela se justifie par le fait qu'elle définit le droit à l'eau, partiellement, avec un accent exclusif mis sur la dimension anthropocentrique, tout en omettant la dimension écologique. L'homme reste, en quelque sorte, le seul titulaire de ce droit au regard de cette définition.

29. À l'heure actuelle, la protection de l'eau ne peut plus être envisagée uniquement sous cet angle anthropocentrique, car cela conduit à négliger son rôle essentiel dans le maintien de l'équilibre dans les écosystèmes[25]. L'adjonction de la dimension écologique à

---

[24] *Ibid.*, p. 243.

[25] Victoria CHIU, « *La protection de l'eau en droit public. Étude comparée des droits espagnol, français et italien,* Université de droit de Toulouse, thèse de droit public, 2014. p.92.

celle humaine pourrait conférer à cette définition une approche plus intégrative des sujets de protection du droit de l'environnement, à savoir le milieu naturel, d'une part, et l'homme qui l'habite, d'autre part.

30. C'est justement pour réaliser cette dernière option que nous définirons, à notre tour, le droit à l'eau comme étant un approvisionnement suffisant, physiquement accessible et à un coût abordable d'une eau salubre et de qualité acceptable pour les usages personnels et domestiques de chacun, sans que ses mécanismes d'acquisition et d'usage n'aient des impacts négatifs réputés graves sur l'équilibre écologique.

31. Cette définition nous parait générique dans la mesure où elle tient compte des besoins humains et quelques fondamentaux du développement durable dans la réalisation du droit à l'eau et la protection de l'environnement, dont le respect et l'équilibre des écosystèmes.

32. Pour ce qui est de l'environnement, conformément à l'article 5-3 de la loi L/2019/0034/AN du 04 juillet 2019, portant Code de l'environnement de la République de Guinée, il désigne l'ensemble des éléments naturels et artificiels, ou de toute combinaison de l'un ou de l'autre d'une manière générale, le milieu ambiant avec lequel les êtres vivants entretiennent des relations dynamiques[26]. Sa protection consiste à prendre des mesures pour limiter ou éliminer l'impact négatif des activités de l'homme sur son environnement. Au-delà de la simple conservation de la nature, il s'agit de comprendre le fonctionnement systémique, et éventuellement planétaire de

---

[26] Loi L/2019/0034/AN du 04 juillet 2019, portant Code de l'environnement de la république de Guinée, art.5-37.

l'environnement ; d'identifier les actions humaines qui l'endommagent au point de porter préjudice aux générations actuelles ou futures ; et de mettre en place les actions de correction[27].

33. L'eau ou les ressources en eau, quant à elle, peut être définie comme un système d'eaux de surface et d'eaux souterraines constituant du fait de leurs relations physiques un ensemble unitaire et aboutissant à un seul et même point d'arrivée[28]. C'est une ressource naturelle composée de deux atomes d'hydrogène et d'un atome d'oxygène, d'où sa formule H2O[29].

34. Le droit à l'eau constitue une notion à la fois transversale et évolutive, à l'intersection de plusieurs branches du droit : droit international de l'environnement, droits de l'homme, droit de l'eau, mais aussi, dans une certaine mesure, droit de la mer, droit maritime et droit à l'assainissement, auquel il est souvent rattaché. Cette pluralité de rattachements juridiques contribue à en souligner la complexité normative, mais aussi la richesse interprétative.

35. Face à l'immensité de son champ d'application, il apparaît méthodologiquement nécessaire de circonscrire l'analyse. Le présent travail se focalisera donc principalement sur les implications juridiques du droit à l'eau en tant que droit fondamental dans l'ordre juridique guinéen, ainsi que sur les mesures encadrant l'acquisition et

[27] https://www.aquaportail.com/definition-9038, site consulté le 13 décembre 2022.

[28] Les eaux continentales désignent l'ensemble des eaux de surface et souterraines existant sur un territoire

[29] Mouctar DIALLO, « *Pour une eau durable en Guinée : gouvernance, défis et réformes »,* Paris, l'Harmattan, 2025, p. 37

l'usage des eaux continentales, dans le respect des exigences écologiques contemporaines.

36. Ce sujet revêt un intérêt théorique notable. Il permet de mesurer la place que le droit à l'eau occupe au sein des réflexions doctrinales contemporaines, malgré son apparition relativement récente. En rapprochant les différentes positions doctrinales, il devient possible de dégager les divergences, voire les controverses qui en marquent la compréhension et la portée.

37. Sur le plan pratique, l'étude offre un cadre d'analyse pour évaluer l'état d'encadrement normatif de la gestion intégrée des ressources en eau en Guinée. Elle permet également d'identifier les acteurs, de délimiter leurs compétences et de poser un diagnostic sur l'adéquation entre les textes en vigueur et les réalités du terrain, notamment au regard des enjeux de développement durable.

38. Toutefois, il serait réducteur de penser qu'un tel exercice s'impose avec simplicité. En effet, l'affirmation du droit à l'eau est le fruit d'un processus complexe, allant de sa codification sur la scène internationale à son intégration progressive dans les législations nationales. Ce processus, certes dynamique, se heurte à une réalité préoccupante : les atteintes récurrentes à l'environnement compromettent la qualité des ressources hydriques, au point de restreindre l'exercice effectif de ce droit fondamental. La République de Guinée, comme beaucoup d'autres pays, n'échappe pas à cette tension entre normes et pratiques.

39. Dans un contexte marqué par une dégradation accélérée de l'environnement, une question centrale s'impose : Comment garantir un exercice écoresponsable

du droit à l'eau en République de Guinée, en adéquation avec les exigences du développement durable ?

40. Pour y répondre, l'étude adoptera une démarche analytique, s'appuyant sur une approche descriptive des textes et comparative des pratiques. Il s'agira de montrer, d'une part, que le droit à l'eau est désormais consacré en droit guinéen, à travers son intégration dans divers instruments internationaux et sa constitutionnalisation relative, participant ainsi à l'édification progressive de sa fondamentalité (**Première partie**). Et d'autre part, que cette consécration souffre encore d'une effectivité limitée, en raison du décalage entre les textes juridiques et les contraintes pratiques qui en compromettent l'application **(Deuxième partie)**.

PREMIÈRE PARTIE

LA CONSÉCRATION DU CARACTÈRE FONDAMENTAL DU DROIT À L'EAU

41. Parler de la fondamentalité d'un droit implique de s'interroger sur les éléments qui en assurent la légitimité et en déterminent l'essence juridique. Une telle démarche suppose, en particulier, de préciser la nature et le rang des normes qui consacrent ce droit et qui justifient son appartenance à la catégorie des droits fondamentaux. Ces normes peuvent être d'origine constitutionnelle, lorsqu'il s'agit d'une consécration par la loi fondamentale de l'État ; d'origine internationale, lorsque le droit est reconnu par des traités ou conventions ratifiés et intégrés dans l'ordre juridique interne ; ou encore jurisprudentielle, lorsque les juridictions nationales ou internationales affirment son effectivité et en garantissent la protection. Ainsi, la qualification d'un droit comme fondamental procède non seulement de son inscription dans des textes de valeur supérieure, mais également de la reconnaissance qui lui est accordée par la doctrine et la pratique juridictionnelle.

42. Or, en pratique, il n'existe pas une norme juridique universelle ou standardisée qui définirait de manière exhaustive ce qu'est un droit fondamental ni qui établirait une hiérarchie incontestable entre les différents droits. La doctrine s'est longuement penchée sur cette problématique,

donnant lieu à des positions diverses, parfois même contradictoires[30].

43. Toutefois, en partant de la définition selon laquelle les droits et libertés fondamentaux désignent donc simplement les droits et libertés protégés par les normes constitutionnelles et internationales, ni plus ni moins[31], il est possible de situer le droit à l'eau dans une trajectoire de reconnaissance juridique. Il convient donc, dans cette première partie, de démontrer que la fondamentalité du droit à l'eau connaît une consécration progressive en droit guinéen (**Premier chapitre),** et que celle-ci s'accompagne d'un aménagement du régime juridique de l'eau, visant à encadrer son usage, sa gestion et sa protection **(Deuxième chapitre).**

---

[30] La fondamentalité des droits et libertés est souvent déterminée à la lumière du traité international ou de la constitution les consacrant.

[31] Louis Favoreu, Patrick GÄIA, Richard GHEVONTIAN, et « autre » *Droit constitutionnel,* Dalloz, Paris, 2015, 17ème éd, 1093 p.

CHAPITRE I
UNE CONSÉCRATION RELATIVE DE LA FONDAMENTALITÉ DU DROIT À L'EAU EN DROIT GUINÉEN

44. Le droit à l'eau comme droit de l'homme est un droit *in statu nascendi* dans l'ordre juridique international[32]. Il est parvenu, en peu de temps, à attirer l'attention de la communauté internationale, qui l'a intégré, dès le départ, dans des normes déclaratoires ne revêtant pas un caractère contraignant pour les États. Une telle avancée pour noble qu'elle fut ne liait pas les États en ce sens qu'elle ne créait pour eux aucune obligation, et la responsabilité morale qui en résultait était rarement invocable devant le prétoire du juge.

45. Cette insuffisance si flagrante pour la protection d'un droit aussi important, plaçait la communauté internationale devant une impasse qu'il fallait corriger à tout prix. Elle a donc pris la décision, compte tenu de l'importance que revêtent les enjeux liés à la sauvegarde de ce droit fondamental, de l'insérer dans des normes de caractère obligatoire[33].

46. Pour l'essentiel, la Guinée est partie à des conventions internationales de portée obligatoire qui

[32] Laurence Boisson De CHAZOURNES « Le droit à l'eau et la satisfaction des besoins humains : notion de justice » *op. cit.*, p. 4.
[33] Victoria CHIU, « La protection de l'eau en droit public. Étude comparée des droits espagnol, français et italien » *op. cit.*, p. 159.

consacrent le droit à l'eau. Le constituant guinéen n'est pas resté à la marge, il l'a lui aussi reconnu de manière graduelle. La consécration de la fondamentalité du droit à l'eau reste et demeure fragmentée entre quelques conventions internationales ratifiées par la Guinée **(Section I)**. Il faut aussi affirmer que son processus de constitutionnalisation oscille entre tâtonnement et certitude **(Section II)**.

Section I : Une consécration fragmentaire par les normes internationales

47. La reconnaissance d'un droit trouve son fondement dans le droit international à travers les droits de l'Homme, qui ont connu une promotion notamment après la Seconde Guerre mondiale. En effet, comme le souligne le professeur COSNARD, « l'instrument a priori idéal pour la diffusion des normes à l'échelle planétaire semble être le droit international »[34]. Ainsi, le droit international des droits de l'homme regorge de nos jours un ensemble de conventions internationales qui n'omettent pas le droit à l'eau.

48. Qu'elles soient des normes de portée universelle ou des normes de portée régionale, celles-ci consacrent le droit à l'eau tantôt de manière explicite **(paragraphe I)**, tantôt de manière de tacite (**paragraphe II)**.

Paragraphe I : Une consécration explicitement complexe eu égard l'hétérogénéité des normes de référence

49. Parmi les instruments internationaux auxquels la Guinée est partie prenante, plusieurs consacrent

[34] *Ibid.*, p.9.

explicitement le droit à l'eau. Cependant, cette consécration varie selon la nature et l'objectif des normes concernées. Certaines reconnaissent ce droit de manière générale ou impersonnelle **(A)**, tandis que d'autres l'érigent de manière partielle ou marginale **(B)**.

A – Une consécration explicite de nature générale ou impersonnelle

50. Certaines conventions internationales établissent le droit à l'eau de façon inclusive, sans distinction entre les bénéficiaires. Ces textes n'opèrent aucune restriction ni exclusion basée sur le sexe, l'âge, la condition sociale ou toute autre caractéristique. Leur portée est universelle, en ce qu'elles garantissent l'accès à l'eau à toute personne humaine, sans traitement différencié. Autrement dit, les bénéficiaires sont indistinctement considérés, dans une optique de généralisation du droit. C'est notamment le cas de la Convention africaine pour la conservation de la nature et des ressources naturelles, dont l'article 7.2 dispose que : « les Parties s'efforcent de garantir aux populations un approvisionnement suffisant et continu en eau appropriée ».

51. De même, la Charte de l'Autorité du Bassin du Niger (ABN) affirme le droit à l'eau de manière claire et inclusive. Son article 12 impose aux États de « promouvoir une utilisation durable de l'eau, basée sur la protection à long terme des ressources en eau disponibles ; renforcer la protection de l'environnement aquatique, assurer la réduction progressive de la pollution transfrontière et prévenir l'aggravation de la pollution[35] ».

52. Ces dispositions consacrent explicitement le droit à l'eau comme un droit collectif, garanti à l'ensemble de la

---

[35] Charte de l'eau de l'Autorité du Bassin du Niger, art.17

population. Le terme « population », employé dans ces textes, possède une valeur englobante : il désigne toute collectivité humaine, indépendamment des différences de sexe, d'âge, de religion, d'aptitudes physiques ou mentales. Par conséquent, ces normes évitent toute forme de discrimination dans l'accès à ce droit fondamental. Ce qu'il faut retenir, c'est que ces instruments juridiques posent une reconnaissance universelle du droit à l'eau, sans établir de privilège ni d'exclusion au profit ou au détriment d'un groupe déterminé.

B – Une consécration explicite de nature marginale ou partielle

53. D'autres normes internationales, en revanche, consacrent le droit à l'eau de manière plus restrictive. Elles visent spécifiquement certaines catégories vulnérables ou particulièrement exposées à des difficultés d'accès à l'eau. Dans ces cas, la consécration du droit repose sur une logique sélective, définie *ratione personae* : seules certaines personnes ou groupes sont expressément visés comme titulaires du droit. Comme le souligne le professeur DUPUY, cette affirmation se fonde notamment « sur la prise en considération initiale de la situation de certaines catégories de personnes particulièrement exposées ou dépendantes de l'accès à l'eau, comme les prisonniers en temps de guerre, les femmes ou les enfants en toutes conditions, mais particulièrement dans les pays pauvres ».

54. À ce titre, la Convention sur l'élimination de toutes les formes de discrimination à l'égard des femmes du 18 décembre 1979 pose une obligation juridique à l'égard des États, en affirmant que « les États leur assurent de bénéficier de conditions de vie convenables, notamment en ce qui concerne [...] l'assainissement et l'approvisionnement en eau ». De même, la Convention sur les droits

de l'enfant du 20 novembre 1989 souligne que « les États prennent les mesures appropriées pour lutter contre la maladie [...] grâce à la fourniture [...] d'eau potable ». En outre, la Convention de Genève relative au traitement des prisonniers de guerre de Genève du 27 juillet 1929, affirmait le droit pour les prisonniers d'accéder à une eau potable en quantités suffisantes. La Convention de Genève de 1949 réaffirme ce droit au profit des prisonniers de guerre, tout en ajoutant que l'accès à l'eau en quantités suffisantes doit être garanti en tant qu'il touche à la santé et l'hygiène des prisonniers. Le droit à l'eau est mentionné de manière explicite dans ces instruments internationaux en tant qu'un droit de l'homme, mais circonscrit *rationae personae et rationae materiae*[36].

Paragraphe II : Une consécration tacite sous-tendue par un mécanisme d'interprétations diverses

55. Certaines normes internationales consacrent le droit à l'eau de manière implicite, c'est-à-dire sans l'énoncer formellement, mais en laissant entrevoir son existence à travers l'interprétation de certaines dispositions. Cette consécration tacite peut être générale **(A),** lorsqu'elle vise toute personne sans distinction, ou limitée **(B),** lorsqu'elle concerne des groupes particuliers.

A – Une consécration de nature tacite générale

56. Plusieurs instruments juridiques internationaux intègrent le droit à l'eau sans le mentionner expressément. Toutefois, une lecture attentive de certaines de leurs dispositions permet d'en dégager une reconnaissance implicite. Pour étayer cette idée, deux textes nous semblent particulièrement significatifs : le Pacte international relatif

[36] Victoria CHIU, « La protection de l'eau en droit public. Étude comparée des droits espagnol, français et italien » *op. cit.,* p.193.

aux droits économiques, sociaux et culturels (PIDESC) et la Charte africaine des droits de l'homme et des peuples.

57. Le Pacte international relatif aux Droits économiques et socioculturels du 16 Décembre 1966.

Adopté par l'Assemblée générale des Nations unies le 16 décembre 1966 et entré en vigueur le 3 janvier 1976, le PIDESC est le premier instrument à aborder la question du droit à l'eau de manière allusive, donc de manière implicite[37]. Les articles 11et 12 du pacte comportent chacun une mention dont l'esprit s'harmonise avec le droit à l'eau.

58. En effet, l'article 11-1 du pacte stipule que « les Etats parties au présent pacte reconnaissent le droit qu'à toute personne à un niveau de vie suffisant pour elle-même[38]». L'article 12-1 à son tour dispose que « les États parties au présent pacte reconnaissent le droit qu'à toute personne de jouir du meilleur état de santé physique et mentale qu'elle soit capable d'atteindre ». Ces deux dispositions concernent le droit à l'eau. La référence à un niveau de vie suffisant par le Pacte permet de penser que l'Assemblée générale a consacré le droit à l'eau. La réalisation d'un niveau de vie suffisant est insusceptible d'être atteint si les personnes ne sont pas en mesure d'être en possession de certains acquis indispensables à leurs besoins biologiques, comme boire une eau saine de qualité, car indispensable pour leurs vies.

---

[37] N'sinto H.A.T. LAWSON, « *L'effectivité du droit à l'eau face au processus de libéralisation du secteur de l'eau en Afrique subsaharien », mémoire* en vue de l'obtention du diplôme de master en droit, Universités de Lomé et de Maastricht, p. 37.
[38] Pacte international relatif aux droits économiques, sociaux et culturels. Art.11-1
Ibid., art. 12-1

Aux termes de l'article 11 du Pacte, un niveau de vie suffisant doit permettre entre autres l'accès à une nourriture, un vêtement et un logement suffisants, ainsi qu'à une amélioration constante de ces conditions d'existence.

59. Le second élément de référence au Pacte est l'article 12-1 selon lequel, l'exercice du droit à l'eau devrait assurer par des mesures visant la diminution de la mortalité infantile, ainsi que le développement sain de l'enfant, l'amélioration de tous les aspects de l'hygiène du milieu et de l'hygiène individuelle, la prophylaxie et le traitement des maladies endémiques, professionnelles et autres. La réalisation de telles mesures ne va pas sans la présence qualitative et quantitative de l'eau, qui demeure l'élément garant de la santé et du bien-être de l'homme.

60. **La Charte Africaine des Droits de l'Homme et des Peuples du 26 juin 1981.**

La Charte africaine des droits de l'homme et des peuples a été adoptée le 27 juin 1981 à Nairobi (Kenya) lors de la 18e Conférence de l'Organisation de l'Unité Africaine. Elle est entrée en vigueur le 21 octobre 1986, après sa ratification par 25 États. Il est important de préciser que cette Charte reconnaît, de manière implicite, le droit à l'eau. Aux termes de son article 24, l'on peut lire que tous « les peuples ont un droit à un environnement satisfaisant et global propice à leur développement ». Sans nul doute, le premier élément indispensable à la réalisation d'un environnement satisfaisant et à la promotion du développement est l'eau. L'exemple de l'agriculture, de l'industrie, de l'élevage, pour ne citer que ces derniers, en dit long. L'eau acquiert un rôle central dans la lutte contre la pauvreté. Cela atteste de son caractère transversal dans les politiques de développement internationales[39]. Pour illustration, elle est mentionnée au niveau de l'Objectif de développement du durable (ODD) six (6), lequel prône « l'accès de tous à l'eau et à l'assainissement afin d'assurer une gestion durable des ressources en eau ». Ce qui nous amène à retenir qu'il ne peut y avoir un antagonisme entre la réalisation des plans de développement et l'accès à l'eau, car l'usage du second demeure obligatoire pour la première. Pour terminer, disons que la reconnaissance implicite du droit à l'eau par la Charte Africaine des Droits de l'Homme, à travers cet article, reste une des consécrations non moins négligeables.

B – Une consécration tacite de nature limitée

61. Certaines normes consacrent de manière tacite le droit à l'eau, mais uniquement au bénéfice de catégories spécifiques de personnes. C'est le cas, notamment, de la Charte africaine des droits et du bien-être de l'enfant et du Protocole à la Charte africaine des droits des personnes handicapées en Afrique. Ces textes n'énoncent pas expressément le droit à l'eau, mais le présupposent à travers la protection de certains droits fondamentaux dont la mise en œuvre requiert un accès effectif à l'eau.

62. **La Charte Africaine des Droits et du Bien-être de l'Enfant du 11 juillet 1990.**

La charte africaine des droits et du bien-être de l'enfant a été adoptée lors de la 26e conférence des chefs d'État et de gouvernement de l'Organisation de l'unité africaine en juillet 1990. Elle est entrée en vigueur le 29 novembre 1999, après avoir reçu la ratification de 15 États, conformément à son article 47. Elle s'inspire de la Convention des Nations

---

[39] Kabinet KOMARA, « L'eau enjeux vital des relations internationales, Eaux transfrontalières : bombes à retardement ou facteurs de coopération et de paix ? » *op. cit.*, p158.

unies sur les droits de l'enfant et sur la Déclaration sur les droits et le bien-être de l'enfant africain, adoptée par l'OUA en juillet 1979, ainsi que de la Déclaration universelle des droits de l'homme, de la Charte africaine des droits de l'homme et des peuples et de la Charte de l'Organisation de l'Unité Africaine. L'un des objectifs principaux de cette charte est la prise en compte de la situation de nombreux enfants africains dus aux seuls facteurs socio-économiques, culturels, traditionnels, de catastrophes naturelles, de poids démographiques, de conflits armés, ainsi qu'aux circonstances de développement, d'exploitation, de la faim, de handicaps, en raison de son immaturité physique et mentale, a besoin d'une protection et de soins spéciaux[40].

63. En vue de l'atteinte de l'objectif suscité, la charte a tacitement consacré, dans son dispositif, des droits à l'enfant dont la mise en œuvre concrète nécessite le respect du droit à l'eau. C'est notamment le cas de l'article 11, disposant que tout « enfant a droit à l'éducation en précisant que celle-là vise à promouvoir et développer la personnalité de l'enfant, ses talents ainsi que ses capacités mentales et physiques jusqu'à leur plein épanouissement ; encourager les droits de l'homme et des libertés fondamentales, notamment ceux qui sont énoncés dans les dispositions des divers instruments africains relatifs aux droits de l'homme et des peuples et dans les déclarations et conventions internationales sur les droits de l'homme[41] ».

64. Cet article est la preuve que le droit de l'homme à l'eau est tacitement consacré dans cette convention. ''L'épanouissement physique et mental de l'enfant'' dont il évoque, de passage, ne peut aucunement être accompli sans

---

[40] Charte africaine des droits de l'homme et du bien-être de l'enfant, Préambule, troisième considérant
[41] *Ibid.*, art. 11 alinéa.1.

un recours obligatoire au droit à l'eau, car ce dernier sous-tend la garantie du droit à la vie. Outre, ladite Charte elle-même fait mention ou renvoie au respect des autres conventions garantes des droits de l'homme et des libertés fondamentales. Cette précision pourrait suffire pour conclure que la consécration spécifique et tacite du droit à l'eau reste son apanage.

65. La reconnaissance tacite du droit à l'eau, qu'elle soit générale ou limitée, atteste de son importance transversale et fondamentale dans la construction des droits humains. Bien que non toujours formulé explicitement, ce droit émerge avec clarté à travers les exigences posées par divers instruments juridiques, dont la mise en œuvre serait illusoire sans accès à une eau saine. En ce sens, la consécration du droit à l'eau ne se limite pas aux seuls textes conventionnels : elle s'enracine également dans les textes constitutionnels, notamment en Guinée, que nous examinerons dans la suite de cette étude.

Section II : Un processus de constitutionnalisation oscillant entre tâtonnement et certitude

66. En droit guinéen, la reconnaissance constitutionnelle du droit à l'eau ne peut passer inaperçue. L'examen des textes fondamentaux successifs de la République de Guinée révèle que le pouvoir constituant n'est pas resté indifférent face à l'importance de cette ressource vitale. Si cette consécration ne s'est pas toujours opérée de manière explicite, elle n'en demeure pas moins perceptible. Ainsi, il serait erroné de nier totalement l'existence d'un processus de constitutionnalisation du droit à l'eau, lequel témoigne à la fois d'une évolution

progressive et d'une prise de conscience croissante de son importance. En effet, la prise en compte de la rareté de cette ressource a conduit le pouvoir constituant à inscrire le droit à l'eau dans le marbre de la constitution[42]. Nous allons, au moyen d'une étude casuistique et théorique, démontrer l'intervention progressive du constituant sur le droit à l'eau (**Paragraphe I**) avant d'évoquer ultérieurement le renforcement de la consécration constitutionnelle du droit à l'eau (**Paragraphe II**).

Paragraphe I : L'intervention progressive du constituant, de l'omission à la reconnaissance quasi-certaine.

67. L'évolution constitutionnelle du droit à l'eau en Guinée illustre bien un mouvement progressif. D'un silence total dans la première Constitution de 1958 **(A)**, on passe à une reconnaissance implicite, mais significative dans les textes de 1982 et 1990 **(B)**.

A – Une entière omission du droit à l'eau par le constituant du 10 novembre 1958.

68. La première Constitution guinéenne, adoptée le 10 novembre 1958 par la loi n° 4/AN/58 à la suite de l'accession à l'indépendance, consacre une série de droits et libertés fondamentaux dans son Titre dix. Parmi ces droits, figurent notamment la liberté d'expression, la liberté de conscience, la liberté syndicale ou encore le droit d'asile. Ces droits relèvent, pour l'essentiel, de la première génération des droits de l'homme, à savoir les droits civils et politiques.

69. En revanche, les droits économiques, sociaux et culturels, ainsi que les droits dits de solidarité – dont fait

---

[42] *Ibid.*, art.49

partie le droit à l'eau – sont totalement absents de ce texte fondateur. Le droit à l'eau n'est ni mentionné explicitement ni même suggéré de manière indirecte. Toutefois, cette omission, loin d'être blâmable, doit être replacée dans son contexte historique. À cette époque, les préoccupations constitutionnelles étaient largement dominées par les droits civils et politiques, conformément aux priorités de la communauté internationale d'alors. Le débat sur l'intégration de nouveaux droits, notamment ceux liés à l'environnement ou à l'accès aux ressources naturelles, n'avait pas encore émergé de manière significative.

70. Il convient également de noter que deux grandes visions des droits de l'homme coexistaient après la Seconde Guerre mondiale : une conception socialiste, priorisant les droits économiques et sociaux, et une conception libérale occidentale, centrée sur les droits civils et politiques. La Déclaration universelle des droits de l'homme du 10 décembre 1948, issue d'un compromis entre ces deux courants, visait à consacrer l'indivisibilité et l'universalité des droits humains[43].

71. Dès lors, l'absence du droit à l'eau dans la Constitution de 1958 n'est pas une lacune condamnable, mais plutôt une omission circonstanciée. En effet, le débat juridique sur le droit à l'eau n'émerge véritablement qu'au cours des années 1970, à la faveur de l'essor des droits de solidarité et des premières préoccupations environnementales. La conférence de Stockholm de 1972 constitue à cet égard un tournant, en posant les bases d'une réflexion sur l'environnement humain et les ressources vitales.

---

[43] *Ibid.*, art.48

72. Ainsi, on peut parler, non pas d'un oubli fautif, mais plutôt d'une "omission de nécessité", au sens où la reconnaissance du droit à l'eau ne correspondait ni aux priorités de l'époque ni aux standards constitutionnels internationaux alors en vigueur. De surcroît, la nature même de ce droit, appartenant à la troisième génération des droits de l'homme, explique qu'il ait été exclu du champ constitutionnel initial.

B – Une consécration mitigée du droit à l'eau par le constituant du 14 mai 1982 et celui du 23 décembre 1990 révisé le 11 novembre 2001

73. Les constitutions guinéennes du 14 mai 1982 et du 23 décembre 1990, révisée le 11 novembre 2001, marquent une évolution sensible par rapport à celle de 1958. Si elles ne consacrent pas explicitement le droit à l'eau, elles amorcent toutefois une prise en compte indirecte de ce droit, à travers la reconnaissance de son corollaire essentiel : le droit à la santé.

74. L'une des avancées notables introduites par ces deux constitutions réside dans l'élargissement du catalogue des droits fondamentaux. Alors que la Constitution de 1958 ne comptait qu'une dizaine de droits, celle de 1982 en consacre 19, et celle de 1990 en élève le nombre à 20. Cette dynamique d'enrichissement du contenu normatif permet d'envisager une lecture élargie des droits sociaux, y compris du droit à l'eau.

75. L'homme a droit à la santé et au bien-être physique. L'État a le devoir de lutter contre les épidémies. Bien que le droit à l'eau ne soit pas mentionné directement, il est difficilement dissociable du droit à la santé. En effet, la santé humaine dépend intrinsèquement de la qualité et de la disponibilité de l'eau, tant pour la consommation que pour

l'hygiène. De nombreuses maladies hydriques (choléra, dysenterie, etc.) découlent d'un accès insuffisant à une eau potable et salubre[44].

76. Cette interdépendance a d'ailleurs été reconnue par le Comité des droits économiques, sociaux et culturels dans son Observation générale n° 14 (2000). Celui-ci inclut, parmi les déterminants fondamentaux de la santé, l'accès à l'eau potable, à l'assainissement, à une alimentation saine, au logement, à l'éducation et à un environnement salubre. On peut donc considérer ces textes comme les précurseurs d'une véritable consécration constitutionnelle du droit à l'eau. Malgré leur formulation allusive, ils ont préparé le terrain à une reconnaissance plus affirmée dans les textes ultérieurs. Leur mérite réside dans l'amorce d'une sensibilisation constitutionnelle à l'égard des besoins vitaux, dont l'eau constitue le vecteur essentiel. Ces constitutions ont, ainsi, concouru à concevoir les expériences inaugurales de la consécration du droit à l'eau en droit guinéen.

Paragraphe II : Le renforcement de la consécration du droit à l'eau.

77. Il est réel que les textes constitutionnels contemporains n'échappent pas à la consécration symbolique de l'importance de vivre dans un environnement sain et à la valorisation existentielle de l'impératif du « développement durable »[45]. Dans cette

---

[44] Le droit à l'eau et le droit à la santé entretiennent un lien d'interdépendance étroit. Sans accès à une eau potable et salubre, la réalisation effective du droit à la santé devient illusoire. L'eau constitue ainsi un déterminant fondamental de la santé publique.

[45] Laurence Burgorgue-LARSEN, « le constitutionnalisme « VERT », Much Ado About Nothing ? in l'honneur de Pierre Marie DUPHY,

dynamique, le droit à un environnement sain apparaît comme l'expression la plus accomplie de la consécration du droit à l'eau. Les Constitutions guinéennes du 7 mai 2010 et du 20 avril 2020 ont affirmé ce droit, considéré comme un corollaire direct du droit à l'eau. C'est en ce sens que l'on peut parler d'un renforcement de sa consécration. Nous analyserons dans un premier temps la consolidation du droit à l'eau par ces deux textes constitutionnels **(A)**, avant d'examiner son inscription implicite dans la Charte de la transition du 27 septembre 2021 puis son intégration dans la constitution du 26 septembre 2025 **(B)**.

A – Une consolidation de la consécration du droit à l'eau par le constituant du 7 mai 2010 et celui du 20 avril 2020

78. Le processus de constitutionnalisation du droit à l'eau, amorcé par la Constitution du 7 mai 2010 et poursuivi par celle du 20 avril 2020, s'est distingué par des avancées significatives, tant sur le plan normatif qu'institutionnel. Ces deux textes n'ont pas seulement repris l'élan de fondamentalisation des droits et libertés ; ils ont aussi renforcé les dispositifs indirectement liés au droit à l'eau, à travers l'affirmation du droit à un environnement sain.

79. L'article 16 de la constitution du 7 mai 2010 et 22 de celle du 20 avril 2020, affirment que « toute personne a droit à un environnement sain et a le devoir de le protéger. L'État veille à la protection de l'environnement »[46]. Cette reconnaissance explicite permet de situer l'environnement sain comme un cadre structurant du droit à l'eau. En effet, l'eau, en tant que ressource naturelle vitale, s'insère dans l'ensemble des éléments constitutifs de l'environnement.

« unité ou diversité du droit international », Leiden Boston, 2019, p.911.

[46] Voir l'article 16 de la Constitution guinéenne du 7 mai 2010.

80. Un autre apport majeur de ces constitutions réside dans la pénalisation des atteintes à l'environnement. Qu'elles soient le fait de pollutions ou de nuisances, directes ou indirectes, ces atteintes sont érigées au rang de crimes par les deux textes. Notamment, la Constitution de 2010, qui va jusqu'à qualifier de haute trahison toute violation grave de l'environnement par le Président de la République.

81. Ainsi, l'article 17 de cette Constitution prévoit que « Le transit, l'importation, le stockage, le déversement, sur le territoire national, des déchets toxiques ou polluants, et tout accord y relatif, constituent un crime contre la Nation. Les sanctions applicables sont définies par la loi » De plus, l'article 119 énonce qu'« il y a haute trahison lorsque le Président de la République [...] est reconnu auteur, coauteur ou complice de violations graves et caractérisées des droits humains, de cession d'une partie du territoire national, ou d'atteintes au maintien d'un environnement sain, durable et favorable au développement ».

82. Toutefois, la Constitution de 2020 n'a pas reconduit cette dernière disposition, sans pour autant contredire l'esprit de son prédécesseur. Elle s'est globalement alignée sur les principes environnementaux posés en 2010, tout en omettant d'incriminer les atteintes graves à l'environnement en tant que haute trahison.

83. En revanche, elle innove en instituant une structure consultative spécialisée : le Conseil économique, social, environnemental et culturel, dont la mission est, entre autres, d'examiner les projets de loi ou de décret ayant un impact environnemental. L'alinéa 2 de l'article 126 de la Constitution de 2020 dispose que « le Conseil économique, social, environnemental et culturel est compétent pour

examiner les projets ou propositions de loi, ainsi que les projets de décrets à caractère économique, social, environnemental et culturel qui lui sont soumis »

84. C'est la première fois dans l'histoire constitutionnelle guinéenne qu'une telle institution est créée. Toutefois, sa mise en œuvre est restée purement théorique, sa dissolution étant intervenue après le coup d'État du 5 septembre 2020.

85. En définitive, malgré les avancées notables opérées par les Constitutions de 2010 et 2020, aucune ne consacre explicitement le droit à l'eau. Leur reconnaissance du droit à un environnement sain constitue certes un pas important, mais reste insuffisante pour garantir une protection normative claire du droit à l'eau. Ce droit demeure ainsi implicite, ce qui affaiblit sa portée juridique et limite son effectivité. D'où la nécessité de poursuivre l'œuvre de fondamentalisation de ce droit par une reconnaissance explicite et autonome dans la prochaine réforme constitutionnelle.

B – Une consécration implicite du droit à l'eau par la Charte de la transition du 27 septembre 2021 et la constitutionnalisation réitérée par la Constitution du 25 septembre 2025

Du texte transitoire de 2021 à la Constitution de 2025, le droit à l'eau s'est construit et enraciné dans l'ordre juridique guinéen.

– Une consécration implicite du droit à l'eau par la Charte de la transition du 27 septembre 2021

86. Adoptée à la suite du renversement du régime en place le 5 septembre 2021, la Charte de la transition tient lieu de Constitution pendant la période transitoire. Elle succède à celle d'avril 2020, abrogée par le communiqué

n° 001/2021/PRG/CNRD. Bien qu'elle ne contienne aucune disposition explicite relative au droit à l'eau, elle en consacre néanmoins les fondements de manière implicite.

87. La Charte réaffirme l'attachement du peuple guinéen aux valeurs et principes démocratiques contenus dans les instruments internationaux, tels que la Charte des Nations Unies, la Déclaration universelle des droits de l'Homme de 1948, ou encore la Charte africaine de la démocratie, des élections et de la gouvernance de 2007. Cette référence indirecte permet d'inférer une reconnaissance implicite du droit à l'eau, dans la mesure où ces textes intègrent le droit à un niveau de vie suffisant, incluant l'accès à l'eau potable.

88. De plus, l'article 31 de la Charte énonce que « le respect et la défense du patrimoine national et des biens publics sont un devoir pour tout citoyen ». Le terme « patrimoine national », à portée générique, est fréquemment interprété comme englobant l'environnement et donc, par extension, les ressources naturelles telles que l'eau. Par conséquent, cette disposition participe, à sa manière, à l'affirmation du droit à l'eau, bien que de façon indirecte. Il est toutefois compréhensible que la Charte, élaborée dans un contexte de rupture institutionnelle, n'ait pu aller plus loin dans la consécration formelle de ce droit. Ce contexte explique ses limites structurelles, sans pour autant exonérer le constituant futur de sa responsabilité à combler ces lacunes.

89. En somme, la consécration du droit à l'eau en Guinée reste fragmentaire et insuffisamment affirmée. Si les Constitutions de 2010 et 2020, ainsi que la Charte de la transition de 2021, reconnaissent ce droit de manière implicite, aucun texte ne l'élève encore au rang de droit fondamental explicite. Une telle reconnaissance permettrait

pourtant d'en garantir une protection effective, tout en renforçant les obligations de l'État en la matière.

90. À cet égard, le futur constituant guinéen devrait s'inspirer de modèles étrangers plus aboutis, tels que la Constitution sud-africaine de 1996 [47], qui consacre explicitement le droit à l'eau [[8]]. Une telle démarche permettrait de lever toute ambiguïté quant à la portée de ce droit, et de mieux répondre aux défis environnementaux et sociaux auxquels le pays est confronté.

– Une consolidation réitérée et renforcée par la Constitution du 25 septembre 2025

91. La nouvelle Constitution du 25 septembre 2025 consacre, en son article 6, les principes fondamentaux de la république, qui marquent une évolution notable dans le constitutionnalisme environnemental guinéen. En érigeant la préservation de l'environnement et des écosystèmes, ainsi que la gestion rationnelle, transparente et équitable des ressources naturelles, en principes fondamentaux de la République, elle élève désormais la gouvernance environnementale au rang de fondement institutionnel. Cette consécration dépasse la simple référence au droit à un environnement sain qui caractérisait les Constitutions de 2010 et de 2020, elle impose à l'État une véritable obligation de gestion responsable des ressources, dont l'eau constitue un des éléments stratégiques.

92. L'introduction de la gestion rationnelle et équitable des ressources naturelles confère un contenu tangible au droit à un environnement sain. Alors que les Constitutions de 2010 et 2020 se limitaient à reconnaître ce droit sans en

[47] En Afrique du Sud, la Constitution de 1996 approuvée par la cour constitutionnelle le 4 décembre 1996 et entrée en vigueur le 4 février 1997 prescrit de manière explicite le droit à l'eau.

préciser les implications, la nouvelle Constitution en déduit explicitement que toute ressource naturelle doit être administrée dans l'intérêt des populations et de manière transparente. Cela renforce la portée juridique du droit à l'eau, car la disponibilité et la qualité de cette ressource dépendent directement des modes de gestion retenus. Le passage du principe général à la règle de gouvernance constitutionnelle permet d'y voir une obligation positive de l'État : garantir l'accès effectif à une eau salubre par la prévention des risques, la réglementation des usages et le contrôle des pollutions.

93. L'article 30 introduit un autre élément déterminant en érigeant en crimes imprescriptibles le transit, l'importation, le stockage et le déversement de déchets toxiques ou polluants. Cette formulation marque une intensification de la protection environnementale, bien supérieure à celle prévue en 2010, où ces actes constituaient des crimes, mais sans mention d'imprescriptibilité, et à celle de 2020, qui avait atténué la dimension pénale en supprimant toute référence à la haute trahison en cas d'atteinte grave à l'environnement. L'imposabilité permanente de ces infractions traduit une volonté de protéger durablement les ressources vitales et de créer un cadre répressif qui s'impose aux acteurs publics comme privés, quelles que soient les circonstances politiques.

94. Les conséquences juridiques de cette incrimination renforcée sont directes pour la protection du droit à l'eau. En guise d'exemple, les déchets toxiques constituent en effet une menace majeure pour les nappes phréatiques, les cours d'eau et les réseaux d'approvisionnement en eau potable. Selon un rapport de l'Organisation mondiale de la santé (OMS), près de 50 % des eaux usées générées en Guinée sont rejetées dans l'environnement sans traitement

préalable, ce qui expose les populations locales à des risques sanitaires importants. La contamination des nappes phréatiques par des polluants chimiques et biologiques, notamment dans les zones industrielles de Kamsar et Fria, aggrave la situation[48].

En érigeant en crimes imprescriptibles les pratiques susceptibles de contaminer durablement les masses d'eau, la Constitution garantit de manière structurelle la qualité de la ressource. La protection de l'environnement devient ainsi une garantie indirecte, mais solide de la protection du droit à l'eau, notamment par l'application du principe pollueur-payeur, la mise en jeu de la responsabilité publique ou privée et l'obligation de prévention.

95. La comparaison avec les Constitutions précédentes montre un élargissement sensible de la normativité environnementale. En 2010, la reconnaissance du droit à un environnement sain constituait une avancée, mais les instruments constitutionnels restaient limités à quelques dispositions pénales et à une définition assez générale de la protection environnementale. En 2020, la dynamique a été partiellement affaiblie par la disparition de la notion de haute trahison pour les atteintes graves à l'environnement, même si la création du Conseil économique, social, environnemental et culturel introduisait une dimension consultative nouvelle, mais jamais opérationnelle. La nouvelle Constitution rompt avec ces hésitations et inscrit les principes environnementaux dans un dispositif plus cohérent, où la protection de l'environnement devient un axe central de la gouvernance publique.

96. Dans ce cadre renouvelé, le droit à l'eau, bien qu'absent en tant que droit explicite, trouve, par contre, une

---

[48] Mouctar DIALLO, « *Pour une eau durable en Guinée : Gouvernance, défis et réformes* », *op.,cit*, p.88.

assise plus solide dans les textes antérieurs. En liant le droit à un environnement sain à la gestion durable des ressources, et en incriminant de manière imprescriptible les atteintes les plus graves à celles-ci, la Constitution érige la ressource hydrique en élément protégé de l'ordre public[49]. Le droit à l'eau demeure implicite, mais il acquiert désormais une portée renforcée : l'État est tenu d'assurer sa préservation, sa qualité et son accessibilité par l'effet combiné des articles 6 et 30. Il s'agit d'une étape importante dans la consolidation de ce droit, même si sa reconnaissance explicite nous semble demeurer la voie la plus sûre pour garantir son effectivité future.

---

[49] L'ordre public constitutionnel désigne le noyau de principes et valeurs fondamentales protégées par la Constitution et s'imposant à toutes les autorités publiques.

Chapitre II
L'aménagement du régime juridique de la propriété hydrique en droit guinéen

97. La consécration du droit à l'eau n'a point échappé au législateur guinéen. Elle a, bien au contraire, bénéficié de l'attention de ce dernier en ce sens qu'il lui consacre un encadrement qui tienne compte de la spécificité et de la particularité de la ressource hydrique. À bien d'égards, le législateur guinéen s'est résolu à consacrer des dispositions relatives aux modes d'acquisition et d'utilisation de l'eau. C'est en cela que nous ressortirons l'étendue de la dimension juridique de l'eau (**Section I**) avant de mettre en exergue l'aspect de son cadre institutionnel (**Section II**).

Section I : L'étendue de la dimension juridique de l'eau

98. Le régime de la propriété hydrique, en droit guinéen, comporte un ensemble de règles spécifiques, variables en fonction des personnes qui en sont titulaires des droits et obligations respectives. En cela, le législateur guinéen a, dans son encadrement juridique de l'eau, dégagé une diversité de dispositions, qui partent de la nature du foncier hydrique (**Paragraphe I**) à la responsabilité des acteurs intervenant dans le cadre du droit à l'eau (**Paragraphe II**).

Paragraphe I : Un foncier hydrique d'une nature échelonnée

99. En réglementant le foncier hydrique, qui désigne le domaine des fonds de terre concernés par les eaux continentales[50], le législateur est parvenu à le régir à deux échelles distinctes en dégageant le domaine dans lequel il relève. Tout exposé dudit foncier exige la présentation préalable du domaine de la ressource en eau (**A**) et des conséquences juridiques qui s'y rattachent (**B**).

A – L'eau comme bien relevant du domaine public

100. Le droit des propriétés publiques renvoie, bien évidemment, à l'ensemble des règles, procédures et formalités rendues applicables à l'acquisition, à la gestion, à la conservation, à l'utilisation, et à la protection des biens qui sont la propriété des collectivités publiques.

101. Ce régime est, en principe, exorbitant du droit commun[51]. En tant que personne publique, l'État est titulaire d'un ensemble de propriétés qui le confère certaines prérogatives, lesquelles le permet d'exercer sur ses biens quelques attributs du droit de propriété. Le législateur guinéen réserve un aménagement spécial à la ressource en eau, à l'instar de l'ensemble des ressources naturelles, en soumettant son usage au respect d'un ensemble de formalités particulières. Cet encadrement juridique spécial à l'avantage d'établir une ligne de démarcation entre le statut des biens de l'État et celui de simples personnes privées.

---

[50] Loi L/94/005/CTRN du 14 février 1994 portant code de l'eau de la République de Guinée, art.1er

[51] Emmanuelle Gillet-LORENZI et Seydou TOURE, « Droit administratif des biens », 1er éd., CNFPT, 2016, p. 15.

102. Ainsi, l'article 4 du Code de l'eau dispose que « les ressources en eau de la République de Guinée font partie intégrante du domaine public naturel de l'État... elles ne sont pas susceptibles d'appropriation[52]». Cette disposition consacre un principe fondamental : l'inaliénabilité et l'imprescriptibilité de l'eau en tant que bien commun, exclue de toute appropriation privée. En d'autres termes, la ressource hydrique est soustraite aux mécanismes classiques du droit privé, notamment à ceux fondés sur l'autonomie de la volonté et la liberté contractuelle.

103. L'intégration de la ressource en eau dans le domaine public naturel de l'État est la résultante de la souveraineté permanente de l'État sur ses ressources naturelles, reconnue comme un principe du droit international par lequel « l'État décide en dernière instance et en toute indépendance du sort des ressources naturelles qui se trouvent sur son territoire et des activités économiques qui s'y exercent[53] ».

104.Le pouvoir de régulation et de réglementation de la ressource en eau appartient donc exclusivement à l'État, sauf délégation ou exception prévue par la loi. Ce pouvoir s'étend à l'ensemble des eaux continentales présentes sur le territoire national, « dans toutes les phases du cycle de l'eau », incluant ainsi les eaux de surface (fleuves, rivières, lacs, etc.) et les eaux souterraines (nappes phréatiques, aquifères, etc.).

---

[52] Loi L/94/005/CTRN du 14 février 1994 portant code de l'eau de la République de Guinée, art 4.

[53] Leticia SAKAI, « *La souveraineté permanente sur les ressources naturelles et la protection internationale des droits de l'homme* », thèse soutenue publiquement le 04 Novembre 2004, Université Paris1-Pantheon-sorbonne, p. 213.

105. Cette distinction entre eaux de surface et eaux souterraines révèle une complexité juridique propre à la nature multi-niveaux de la ressource hydrique. Le foncier hydrique, ou plus exactement la propriété et la gestion de l'eau, se décline donc à deux échelles : celle visible et facilement accessible des eaux de surface, et celle plus discrète, mais tout aussi stratégique, des eaux souterraines. Chacune de ces catégories soulève des enjeux spécifiques en matière d'accès, de contrôle, de durabilité et de gestion intégrée.

106. L'intégration de l'eau dans le domaine public de l'État emporte plusieurs conséquences juridiques notables. D'abord, elle interdit toute appropriation privée, individuelle ou collective, sauf autorisation légale. Ensuite, elle implique une gestion centralisée et planifiée de la ressource, dans une logique d'intérêt général. Enfin, elle impose à tout usager – public ou privé – de se conformer à un cadre normatif strict, garantissant à la fois la durabilité de la ressource et l'équité dans son accès.

B – Les incidences de la domanialisation de l'eau à l'égard des personnes

107.La domanialisation est l'acte juridique par lequel un bien est intégré au domaine public ou domaine privé d'une personne publique, en particulier de l'État. Dans le cas de la ressource en eau, le législateur guinéen, à travers l'article 4 du Code de l'eau, a clairement opté pour son intégration dans le domaine public naturel de l'État, lui conférant ainsi un régime juridique spécial, distinct du droit privé.

108. Cette domanialisation a pour effet principal de soustraire la ressource hydrique à la logique de l'appropriation privée, et d'y appliquer les règles

protectrices du domaine public. Elle entraîne plusieurs conséquences juridiques majeures pour les personnes physiques ou morales, regroupées ici autour de trois caractères fondamentaux : l'inaliénabilité, l'insaisissabilité et l'imprescriptibilité.

109. **L'inaliénabilité :** l'inaliénabilité signifie qu'un bien du domaine public ne peut pas être cédé, vendu ou donné à des tiers, qu'ils soient publics ou privés. Cette règle découle de la destination première de ces biens : l'affectation à l'usage direct du public ou à un service public. La ressource en eau, intégrée dans le domaine public naturel, est ainsi juridiquement indisponible tant qu'elle reste affectée à l'intérêt général.

110. Toutefois, cette inaliénabilité n'est pas absolue, et c'est là qu'une nuance essentielle s'impose : un bien public peut devenir aliénable après avoir été préalablement "déclassé". Le déclassement est une opération juridique par laquelle un bien est retiré du domaine public pour être transféré dans le domaine privé de l'État ou d'une collectivité publique, où il peut alors être cédé selon les règles du droit commun[54]. Cela signifie que l'inaliénabilité est fonction de l'affectation du bien : tant qu'il sert l'intérêt général, il est protégé ; une fois cette affectation levée, il peut faire l'objet de transactions.

111. Dans le cas de l'eau, ce déclassement est hautement improbable et juridiquement délicat, en raison de la nature mouvante, vitale et renouvelable de la ressource. C'est donc une inaliénabilité pratiquement permanente, bien que juridiquement conditionnelle.

---

[54] Ordonnance O/92/019 du 30 mars 1992 portant code foncier et domanial de la République de Guinée, art.113

112. **L'insaisissabilité :** c'est le caractère de ce qui est insaisissable, qui ne peut être saisi ou emporté. L'eau, définie comme étant un bien du domaine public, ne peut être saisie pour recouvrer une dette, ou du moins saisie pour servir de caution à une créance. En clair, cela signifie qu'un bien du domaine public ne peut pas être saisi par un créancier, même en cas de dette impayée de l'État ou de la personne publique propriétaire. Ce principe vise à préserver la continuité et la stabilité de l'action publique, en empêchant que des biens affectés à l'intérêt général soient immobilisés ou liquidés par voie judiciaire.

113. Appliqué à la ressource en eau, cela signifie que l'eau ne peut en aucun cas faire l'objet d'une saisie, d'une hypothèque ou d'une quelconque mesure d'exécution forcée. Elle ne peut être ni prise en gage, ni utilisée comme garantie pour une dette contractée par une personne publique ou un concessionnaire. Il s'agit ici d'un véritable bouclier juridique, protégeant la ressource contre toute tentative d'appropriation indirecte par voie judiciaire. Ce principe prend tout son sens dans un contexte de rareté de l'eau, où les pressions économiques et commerciales sur cette ressource sont de plus en plus fortes.

114. **L'imprescriptibilité :** l'imprescriptibilité signifie que le temps ne confère aucun droit de propriété sur un bien du domaine public. Ainsi, aucune occupation prolongée, même pacifique, continue et non contestée, ne peut aboutir à l'acquisition du bien par prescription (usucapion), comme c'est le cas dans le droit civil classique. Dans le cas de la ressource en eau, ce principe empêche qu'un particulier ou une collectivité, qui en ferait un usage prolongé et exclusif (par exemple, captation régulière d'eau d'une rivière pour usage privé), ne puisse revendiquer de droit réel ou de titre de propriété sur la ressource. L'imprescriptibilité renforce

donc la dimension non appropriable et perpétuellement publique de l'eau, en empêchant toute régularisation de fait ou formalisation juridique d'une appropriation illicite, fût-elle de longue durée. Pour conclure, notons que la domanialisation de l'eau en droit guinéen établit une rupture nette avec les mécanismes du droit privé en matière de propriété. L'eau, bien commun vital, devient un bien juridiquement protégé, indisponible, inappropriable et inattaquable par les voies ordinaires du droit privé. Toutefois, ces protections sont nuancées par le droit domanial lui-même, qui prévoit certaines exceptions procédurales (comme le déclassement), bien que leur application à la ressource hydrique reste théorique et exceptionnelle dans la pratique.

Paragraphe II : Une responsabilité variée des acteurs

115. Le droit à l'eau crée des obligations à la charge des personnes, lesquelles sont tenues de répondre à ces dernières, conformément à la loi. Les collectivités publiques, essentiellement l'État, n'échappent surtout pas à cette exigence **(A).** Les particuliers (personnes physiques et morales), sont aussi soumis à ces obligations **(B).**

A – Les droits et obligations des collectivités publiques

116.L'Etat doit respecter et faire respecter tout droit constitutionnellement consacré. En tant que droit-créance, le droit à l'eau, comme tout droit fondamental, impose trois types d'obligations à l'État : les obligations de respecter, de protéger et de mettre en œuvre[55], qui appellent à prendre en compte le principe de solidarité écologique et de la gestion

---

[55] Comité des droits économiques et sociaux culturels, *Question de fond concernant la mise en œuvre du pacte international relatif aux droits économiques, sociaux et culturels op. cit.,* p.11.

intégrée des ressources en eau [56]. Une explication casuistique du contenu de chacune de ces obligations nous semble nécessaire.

117. **L'obligation de respecter**, c'est une obligation qui requiert de l'Etat qu'il s'abstient d'entraver directement ou indirectement l'exercice du droit à l'eau ou poser une quelconque pratique, activité qui consiste à refuser ou à restreindre l'accès en toute égalité ou un approvisionnement en eau adéquat ; de s'immiscer arbitrairement dans les arrangements coutumiers ou traditionnels de partage de l'eau ; de limiter la quantité d'eau ou de polluer l'eau de façon illicite, du fait par exemple des déchets émis par des installations appartenant à des entreprises publiques ou de l'emploi et de l'essai d'armes ; et de restreindre l'accès aux services et infrastructures ou de les détruire, à titre punitif, par exemple en temps de conflit armé en violation du droit international humanitaire[57].

118. **L'obligation de protéger :** elle requiert de l'Etat qu'il empêche des tiers d'entraver de quelque manière que ce soit l'exercice du droit à l'eau. Il peut s'agir de particuliers, d'entreprises ou d'autres entités, ainsi que d'agents agissant sous leur autorité. L'État est notamment tenu de prendre les mesures législatives et autres mesures

---

[56] Le principe de la solidarité écologique appelle à prendre en compte, dans toute prise de décision publique ayant une incidence notable sur l'environnement des territoires concernés, les interactions des écosystèmes, des êtres vivants et des milieux naturels ou aménagés. *La Gestion intégrée des ressources en eau est une méthode systématique pour une exploitation pérenne, une répartition et un suivi de l'utilisation de la ressource eau en fonction du contexte social, économique et des objectifs environnementaux. Il s'oppose à l'approche sectorielle en vigueur dans beaucoup de pays.*

[57] *Ibid.*, p.13.

nécessaires et effectives pour empêcher, par exemple, des tiers de refuser l'accès en toute égalité à un approvisionnement en eau adéquat, et de polluer ou de capter de manière injuste les ressources en eau, y compris les sources naturelles, les puits et les systèmes de distribution d'eau. L'État doit veiller à ce que les tiers qui gèrent ou contrôlent les services (réseaux d'adduction d'eau, navires-citernes, accès à des cours d'eau et à des puits, etc.) ne compromettent pas l'accès physique, à un coût abordable et sans discrimination, à une eau salubre et de qualité acceptable, en quantité suffisante[58].

119. C'est ce qui ressort de l'article 53 de la Loi L/2019/0034/AN du 4 juillet 2019 portant Code de l'environnement en République de Guinée, qui dispose que « sont interdits sous réserve de dispositions spécifiques applicables, les déversements, écoulements, rejets, dépôts directs ou indirects de toute nature susceptible de provoquer ou d'accroitre la pollution dans les eaux continentales guinéennes[59] ».

120. Plus loin, l'article 59 du même code précise que « … sont interdits le déversement, l'immersion et l'incinération dans les eaux maritimes sous juridiction guinéenne de substance de toute nature susceptible de porter atteinte à la santé de l'homme et aux ressources biologiques ; de nuire aux activités maritimes y compris la navigation et la pêche ; de dégrader la valeur d'agrément et le potentiel touristique de la mer et du littoral[60] ».

---

[58] *Ibid.*, p.15.

[59] Loi L/2019/0034/AN du 04 Juillet 2019 portant Code de l'environnement en République de Guinée, art.53

[60] *Ibid.*, art.59.

121.**L'obligation de mise en œuvre** : elle se décompose en obligations de faciliter, de promouvoir et d'assurer. L'obligation de faciliter requiert de l'Etat qu'il prenne des mesures positives pour aider les particuliers et les communautés à exercer le droit à l'eau. L'obligation de promouvoir requiert de l'État qu'il mène des actions pour assurer la diffusion d'informations appropriées sur l'utilisation hygiénique de l'eau, la protection des sources d'eau et les méthodes propres à réduire le gaspillage. L'Etat est également tenu de mettre en œuvre (assurer la réalisation de) ce droit lorsque des particuliers ou des groupes sont incapables, pour des raisons échappant à leur capacité, de l'exercer eux-mêmes avec leurs propres moyens ; de veiller à ce que l'eau soit accessible à chacun à un coût abordable ; et de faciliter un accès amélioré et durable à l'eau, en particulier dans les zones rurales et les zones urbaines déshéritées.

122. Le prix des services doit être établi sur la base du principe de l'équité, pour faire en sorte que ces services, qu'ils soient fournis par des opérateurs publics ou privés, soient abordables pour tous, y compris pour les groupes socialement défavorisés. L'État doit adopter des stratégies et programmes complets et intégrés en vue d'assurer aux générations actuelles et futures un approvisionnement suffisant en eau salubre. C'est en cela qu'il parait urgent pour l'État guinéen, à travers l'implication croisée de ses différents acteurs, de s'engager dans la mise en œuvre de la Gestion Intégrée des ressources en Eau (GIRE) et de ses principes. Il s'agit d'un processus qui encourage la mise en valeur et la gestion coordonnée de l'eau, des terres et des ressources associées en vue de maximiser de manière équitable le bien-être économique et social qui en résulte

d'une manière équitable, sans compromettre la durabilité d'écosystèmes vitaux[61].

123. Ces stratégies doivent viser entre autres : lutter contre l'appauvrissement des ressources en eau, des captages à des détournements et à l'établissement de barrages sans souci de durabilité ; réduire et éliminer la contamination des bassins hydrographiques et des écosystèmes aquatiques par des substances telles que des éléments radioactifs, des produits chimiques nocifs et des excréta humains, surveiller les réserves d'eau ; veiller à ce que les aménagements envisagés n'entravent pas un approvisionnement en eau adéquat ; évaluer l'impact des actions qui sont susceptibles d'affecter la disponibilité de l'eau et les bassins hydrographiques des écosystèmes naturels, tels que les changements climatiques, la désertification et la salinité accrue du sol, la déforestation et la perte de biodiversité ; développer l'utilisation rationnelle de l'eau par les consommateurs finaux ; réduire le gaspillage durant la distribution de l'eau[62].

124. Il est à préciser, en outre, que le droit à l'eau n'implique pas que les obligations de l'État vis-à-vis de sa population à l'intérieur de son simple territoire. Il requiert de l'Etat des obligations envers les États tiers avec lesquels il a une ressource d'eau en commun (cours d'eau transfrontaliers, aquifères partagés).

125. Les tensions au tour des cours d'eau constituent une des situations les plus anciennes, mais aussi les plus aigües. Le partage des eaux a installé un climat de défiance entre les pays riverains depuis de nombreuses années. Il s'agit

---

[61] Institut International d'Ingénérie de l'Eau et de l'Environnement, Manuel technique de gestion intégrée des ressources en eau, p.39.
[62] *Ibid.,* art. 65.

d'une tension interétatique[63]. Il est nécessaire d'éviter qu'un État s'approprie les eaux du bassin qui se trouvent sur son territoire au détriment des autres États membres, en méconnaissance du principe de la proportionnalité exigée par le droit international. La mise en œuvre d'un tel principe postule « … d'une part, que l'on ne doit pas utiliser l'eau de manière à interférer sérieusement dans les possibilités des autres riverains de l'utiliser et d'autre part, que l'eau ne doit pas avoir été substantiellement modifiée lorsqu'elle atteint l'aval »[64].

126. Cette obligation n'a pas manqué d'être prise en compte par le législateur guinéen, qui précise la responsabilité qui incombe à l'État dans l'utilisation de ses eaux. L'article 55 du Code de l'eau dispose que dans ses relations avec les États avec lesquels elle partage des ressources en eau, la République de Guinée applique sur son territoire les principes et normes généralement acceptés par la communauté internationale en matière d'eau partagée en particulier les dispositions des conventions en vigueur auxquelles elle a souscrit[65]. L'une des conventions phares à laquelle la Guinée est partie, dans ce présent cadre, est la Convention sur le droit relatif aux utilisations des cours d'eau internationaux à des fins autres que la navigation de 1997, qui a pour mission de mettre en place des mesures de protection, de préservation et de gestion liées aux utilisations de ces cours d'eau et de leurs eaux. Elle fixe des

---

[63] Kabinet KOMARA, « *L'eau, enjeu vital des relations internationales, Komara Kabinet, l'eau enjeux vital des relations internationales, Eaux transfrontalières : bombes à retardement ou facteurs de coopération et de paix ?* » *op. cit.*, p. 57.

[64] Moustapha NGAIDO, « *La contribution de l'Afrique à la gestion des ressources en eau transfrontalières : de l'exemple la charte de l'eau du bassin du Niger, éditions universitaires européennes* », 2016, p. 56.

[65] Article 55 de la loi n°L/94/ 005/CTRN du 15 février 1994 portant Code de l'eau en République de Guinée.

principes dont celui de *l'utilisation et la participation équitables et raisonnables des cours d'eau internationaux*, en vertu duquel « Les États du cours d'eau utilisent sur leurs territoires respectifs le cours d'eau international de manière équitable et raisonnable. En particulier, un cours d'eau international sera utilisé et mis en valeur par les États du cours d'eau en vue de parvenir à l'utilisation et aux avantages optimaux et durables – compte tenu des intérêts des États du cours d'eau concerné – compatibles avec les exigences d'une protection adéquate du cours d'eau »[66].

127. On pourrait retenir, pour finir, que cette obligation implique la prohibition de tout usage préjudiciable de l'eau en vue d'un usage et une gestion rationnelle, qui consiste à prendre afin d'en assurer l'inventaire quantitatif et qualitatif permanent, la protection, la mise en valeur et l'utilisation optimale, compte tenu des besoins sociaux, économiques et culturels.

128. À ce titre, les collectivités locales jouent un rôle fondamental dans la mise en œuvre des politiques relatives à la gestion durable des ressources en eau. En effet, l'article 29 du Code révisé des collectivités locales dispose que les collectivités locales ont compétence en matière d'aménagement et de gestion de l'espace, notamment en matière de gestion de l'eau, de l'assainissement et de l'environnement. Cela implique une responsabilité directe dans la planification, la mise en œuvre et le suivi des actions visant à garantir un accès équitable et durable à l'eau potable pour les populations locales.

---

[66] Convention sur le droit relatif aux utilisations des cours d'eau internationaux à des fins autres que la navigation de 1997, art 5-1.

129. Par ailleurs, l'article 30 du même code précise que les collectivités locales[67] sont également chargées de la protection de l'environnement, de la prévention des risques naturels et technologiques ainsi que de la gestion des ressources naturelles renouvelables. À ce titre, elles doivent veiller à la préservation des ressources en eau, à la lutte contre la pollution des milieux aquatiques et à la promotion de comportements citoyens favorables à une utilisation responsable de l'eau.

130. Ainsi, dans le cadre de la gestion intégrée des ressources en eau (GIRE), les collectivités locales sont appelées à être des acteurs clés de proximité, capables de mobiliser les communautés, de faciliter la participation des citoyens et d'assurer la déclinaison territoriale des politiques nationales en matière d'eau. Leur implication est essentielle pour assurer une gouvernance participative, transparente et efficace de cette ressource vitale, dans le respect des principes de solidarité écologique et d'équité intergénérationnelle.

B – Les droits et obligations multiformes des particuliers

131.En matière de droit à l'eau, les particuliers – qu'il s'agisse de personnes physiques ou de personnes morales de droit privé – ne se voient pas uniquement reconnaître des prérogatives. S'ils peuvent revendiquer certains droits vis-à-vis de l'État, ils sont aussi dépositaires d'obligations substantielles, dont le respect est indispensable à la garantie d'un usage durable, équitable et responsable de la ressource hydrique. La reconnaissance du droit de production autonome de l'eau, qui reste sans doute la pierre angulaire

[67] Voir les articles 29 et 30 de la loi N° L/2017/N°0040/AN du Code révisé des collectivités locales du
26/05/2017.

des prérogatives des particuliers, s'accompagne ainsi d'un faisceau d'obligations, aussi bien à l'égard de l'environnement que des autres usagers. Ce droit, du moins, doit être situé entre liberté d'usage et encadrement normatif.

132. Le droit guinéen, à l'instar d'autres systèmes juridiques africains, reconnaît aux particuliers un droit d'usage autonome de la ressource en eau, bien que cette notion ne soit pas explicitement désignée sous l'appellation de production autonome, comme c'est le cas en droit congolais. Néanmoins, la lecture combinée des dispositions du Code de l'eau guinéen – notamment ses articles 6 – permet d'affirmer que cette faculté existe bel et bien dans l'ordonnancement juridique guinéen[68].

133. Un système de production autonome de l'eau est un ouvrage privé de production d'eau différent du système du service public de distribution d'eau potable[69]. En d'autres termes, la production autonome d'eau désigne l'ensemble des opérations menées par un particulier en vue de capter, traiter et utiliser l'eau à des fins personnelles, industrielles ou commerciales, sans passer par le système public de distribution. Cette autonomie est cependant différenciée selon la finalité de l'usage.

134. Pour un usage domestique, l'eau est gratuite et l'usage est libre, sous réserve de ne pas nuire à autrui ni à l'environnement. Pour un usage industriel ou commercial, une série de formalités administratives (autorisations, redevances, études d'impact, etc.) sont exigées, traduisant

[68] Article 6 de la loi n°L/94/ 005/CTRN du 15 février 1994 portant Code de l'eau en République de Guinée

[69] Sancy Lenoble MATSCHINGA, « *La législation sur l'eau en République du Congo* », Emery Mukendi Wafwana & Associates African-International Law Firm, 2014, p. 7.

la volonté du législateur de réguler l'usage économique de l'eau, ressource stratégique et vulnérable.

135. La définition de l'usage domestique donnée par l'article 6 du Code guinéen de l'eau reste relativement stricte. Elle limite cet usage à la consommation humaine, à l'hygiène, au lavage et à des productions destinées à la consommation familiale. Cette limitation suggère une exclusivité en faveur des personnes physiques, mais en pratique, certaines personnes morales, notamment les ONG, les entreprises rurales ou les coopératives, peuvent également s'inscrire dans cette logique, notamment lorsqu'elles agissent dans un cadre communautaire ou non lucratif.

136. Le droit de ne pas gaspiller et de ne pas polluer l'eau tout en assurant un bon assainissement individuel ou se brancher sur l'assainissement collectif ; payer le juste prix pour le service, incluant les redevances et taxes ; respecter les restrictions d'usages en cas de pénurie d'eau potable coopérer avec les services d'eau et contrôler leurs opérations[70].

137. À l'opposé des droits, les obligations des particuliers sont nombreuses et fondamentales. Elles traduisent l'idée selon laquelle l'eau n'est pas qu'un droit, mais aussi un bien commun, dont la gestion doit être partagée, raisonnée et durable. L'article 6, alinéa 2 du Code de l'eau est particulièrement éclairant : « l'utilisateur est tenu d'exercer son droit de façon à préserver la disponibilité de la ressource en quantité et en qualité et à ne pas léser les autres utilisateurs ». Cette disposition consacre l'idée d'un usage équitable et responsable, où chaque usager est co-responsable de la pérennité de la ressource. Cela implique de ne pas gaspiller l'eau, de ne pas polluer les ressources

[70]*Ibid.*, p.21.

hydriques, d'assurer un assainissement individuel correct ou de se raccorder à un système collectif, si disponible, de respecter les restrictions d'usage en période de pénurie[71].

138. Les particuliers ne peuvent être considérés comme de simples consommateurs : ils sont des acteurs à part entière de la gestion de l'eau. Le droit guinéen, bien qu'encore perfectible sur ce point, doit intégrer les principes de la Gestion Intégrée des Ressources en Eau (GIRE), énoncés notamment lors de la Conférence de Dublin de 1992. Le deuxième principe de cette conférence est sans équivoque : « La gestion de l'eau doit être participative, impliquant les usagers, les planificateurs et les décideurs à tous les niveaux ». La participation des particuliers dans les instances de planification, de régulation, de contrôle et de médiation devrait être favorisée, à travers des mécanismes de consultation publique, de transparence et de redevabilité[72].

139. La gestion de l'eau ne peut être dissociée des autres secteurs d'activité à forte composante environnementale : agriculture, aquaculture, foresterie. Le droit guinéen devrait intégrer – de manière plus systématique – le principe de complémentarité entre les écosystèmes et les usages, en s'inspirant des approches agroécologiques et territoriales.

140. Dans cette optique, les particuliers doivent respecter les équilibres écologiques des milieux aquatiques, veiller à la préservation de la biodiversité dans leurs activités agricoles ou industrielles, intégrer la gestion durable des forêts et des sols dans leur logique d'exploitation hydrique.

---

[72] Institut International d'Ingénérie de l'Eau et de l'Environnement, Manuel technique de gestion intégrée des ressources en eau, 2IE, p37

141. Le législateur a institué plusieurs organes aux compétences variées, chargés de la protection et de la gestion de l'eau. Ces institutions participent à la mise en œuvre de la législation hydrique, de la politique nationale de l'eau et de l'environnement, ainsi que des stratégies de lutte contre les changements climatiques.

Section II : Une multiplicité institutionnelle à aménager

142.Le cadre juridique de la gestion de l'eau en Guinée repose sur une architecture institutionnelle plurielle, composée d'organismes aux compétences spécifiques et complémentaires. Ces institutions, aux niveaux national et supranational, interviennent dans des logiques de hiérarchie, de coopération ou de complémentarité, selon les missions qui leur sont confiées et les besoins contextuels. Face à cette diversité, une approche binaire et casuistique s'impose pour mieux en cerner les contours. Nous distinguerons ainsi, dans un souci de clarté et de lisibilité, deux grandes catégories d'acteurs.

143. D'une part, les institutions supranationales, dont les actions influencent les politiques nationales de l'eau **(Paragraphe I)** et, d'autre part, les institutions nationales, plus directement impliquées dans la mise en œuvre concrète des politiques hydriques **(Paragraphe II)**. En conclusion, nous proposerons la création d'une instance de coordination centrale, à savoir une Commission Nationale de l'Eau, afin de remédier aux chevauchements de compétences et d'assurer une meilleure cohérence dans la gouvernance du secteur.

Paragraphe I : Les institutions supranationales

144.Devant l'amoindrissement des ressources en eau par rapport à la demande des États pour répondre à leurs besoins nationaux : agriculture, élevage, ménages, industries et environnement, la concurrence transfrontalière pour les cours d'eau internationaux et les autres ressources en eaux va s'intensifier. Faute de mécanismes institutionnels pour résoudre ces problèmes, il est possible que cette concurrence soit source de conflits. Pour y faire face, plusieurs organisations sous-régionales ont été créées afin d'encadrer l'usage des cours d'eau partagés et de promouvoir une gestion concertée. Parmi les principales institutions compétentes figurent l'Organisation pour la Mise en Valeur du fleuve Sénégal (OMVS), l'Autorité du Bassin du Niger (ABN) (A) et l'Organisation pour la Mise en Valeur du fleuve Gambie (OMVG) (B).

A – L'OMVS et l'ABN : deux institutions clés pour la gestion des cours d'eau transfrontaliers

145. L'Organisation pour la Mise en Valeur du fleuve Sénégal (OMVS) et l'Autorité du Bassin du Niger (ABN) demeurent deux institutions supranationales compétentes en matière de réglementation des eaux en Guinée. Cette compétence, cependant, reste circonscrite dans un cadre bien déterminé, puisse qu'elle ne s'exerce qu'à l'égard d'une catégorie de cours d'eau donnée. Certains cours d'eau guinéens ont un caractère transfrontalier, c'est-à-dire qu'elles sont partagées entre les frontières de plusieurs États. C'est le cas du fleuve Niger et du fleuve Sénégal qui, au-delà de prendre leurs sources en Guinée, traversent plusieurs régions du continent. L'administration de chacun de ses cours d'eau se fait aussi au moyen d'une organisation supranationale, qui vise à communier les intérêts des Etats pour prévenir l'avènement d'éventuels cas d'hydroconflits. Ces institutions ont reçu comme mission la coordination des

activités des États riverains, l'établissement des règles sur la navigation, le contrôle de leur application, le règlement obligatoire des différends entre États riverains, la détermination des travaux, la fixation des dépenses, etc.

146.C'est dans cette dernière logique que les États ayant en commun le fleuve Sénégal ont, d'une part, mis en place l'Organisation pour la mise en valeur du fleuve Sénégal (OMVS) et ceux ayant également en partage le fleuve Niger ont créé l'Autorité du Bassin du Niger (ABN**)**, d'autre part.

147. **L'Organisation pour la Mise en Valeur du fleuve Sénégal (OMVS**). Le fleuve Sénégal est, après le Niger, le deuxième cours d'eau le plus important d'Afrique de l'Ouest. Il est long de 1800 km et son bassin couvre une superficie d'environ 300 000 km^2. Il se situe entre 10° 30 de latitude Nord en Guinée et 17° 30 de latitude Nord en Mauritanie. En longitude, le bassin va de 7° 30 Ouest à 16° 30 Ouest.

148. Le bassin versant qui s'étend des zones tropicales humides (1 500 mm/an dans la partie guinéenne) aux zones tropicales sèches (200-250 mm/an dans la partie septentrionale du bassin) traverse des milieux biophysiques diversifiés du haut bassin situé dans les montagnes du Fouta Djallon (encore appelées château d'eau de l'Afrique) au delta, en passant à travers des zones subdésertiques. Dans ce bassin versant vivent environ 3,5 millions de personnes qui tirent l'essentiel de leurs revenus des ressources du milieu. Il intéresse quatre pays : la Guinée, le Mali, la Mauritanie et le Sénégal.

149. La coopération pour la maîtrise et l'exploitation rationnelle des ressources du fleuve Sénégal remonte à la période coloniale et s'est faite par étapes. Il y a eu d'abord

la Mission d'Études et d'Aménagement du fleuve Sénégal (MEAF), en 1934, la Mission d'Aménagement du fleuve Sénégal (MAS), en 1938, qui devient en 1959 un organe commun qui se caractérise par la mise sur pied d'organes successifs au service des pays riverains du fleuve, puis le Comité Inter-États en 1963, qui regroupait la Guinée, le Mali, la Mauritanie et le Sénégal, l'Organisation des États Riverains du fleuve Sénégal en mars 1968 à Labé (République de Guinée).

150. Avec les indépendances (1958/1960), le processus institutionnel s'accélère. Il est signé la Convention Internationale du 26 juillet 1963 relative à l'Aménagement Général du Bassin du Fleuve Sénégal, suivie de la Convention Internationale du 6 Février 1964 relative au Statut du Fleuve Sénégal. Le Statut général de l'Organisation des États Riverains du Sénégal approuvé à Labé (Guinée) le 24 mars 1968 et amendé à Conakry le 3 février 1970 par la Conférence des Chefs d'État et de Gouvernement de l'OERS.

151.En mars 1972, ultime cadre institutionnel, l'OMVS voit le jour. Le Mali, la Mauritanie, le Sénégal puis la Guinée en 2006 décident alors d'unir leurs efforts pour maîtriser la disponibilité de l'eau et rechercher les moyens d'une exploitation rationnelle et coordonnée des ressources du bassin. Elle est devenue le leader mondial dans la gestion des eaux transfrontalières et, sans nul doute, la meilleure en Afrique.

152. Le fleuve Sénégal est régi par divers textes qui s'imposent aux États membres de son organisation, et comme tel il demeure largement influencé par les décisions prises par cette instance supranationale dans le cadre de son usage et de ses aménagements. La souveraineté respective des États vis-à-vis de ce cours d'eau dont une partie occupe

leurs territoires connait certaines restrictions vis-à-vis de la compétence de l'OMVS. Parmi les nombreux textes qui régissent le fleuve Sénégal, on peut citer notamment :

153. **La Convention portant création de l'OMVS.** Cette convention a été signée à Nouakchott le 11 mars 1972 entre le Mali, la Mauritanie et Sénégal. Le but de l'OMVS est de mettre en valeur les ressources du bassin du fleuve Sénégal sur les territoires nationaux de ses États membres. Dans sa structure organisationnelle, l'OMVS est dotée de deux organes délibérants, d'un organe exécutif et deux organes consultatifs.

154. **La Convention relative au statut du fleuve Sénégal.** Signée aussi le 11 mars 1972, cette convention dans son article premier accorde le statut du Fleuve international au fleuve Sénégal et à ses affluents sur les territoires des États membres de l'OMVS. La liberté d'exploiter le fleuve, aussi bien sur le plan agricole que sur le plan industriel, est consacrée par la Convention sous réserve des conditions définies par son article 4. Cet article dispose qu'« aucun projet susceptible de modifier d'une manière sensible les caractéristiques du régime fleuve, ses conditions de navigabilité, d'exploitation agricole ou industrielle, l'état sanitaire des eaux, les caractéristiques biologiques de sa faune ou de sa flore, son plan d'eau, ne peut être exécuté sans avoir été au préalable approuvé par les États contractants après discussions, et justifications des oppositions éventuelles… » Il ressort clairement que l'article 4 semble se référer aux projets initiés par un État membre à titre individuel. Ainsi tout projet de construction d'ouvrage sur le fleuve, émanant d'un État membre, est soumis à une étude d'impact à la lumière de laquelle les

États devront prendre la décision finale d'approbation ou de désapprobation du projet[73].

155. **La charte des eaux du fleuve Sénégal.** Adoptée par la Conférence des chefs d'État et de gouvernement de l'OMVS à travers la Résolution N 005/CGEG du 28 mai 2002, la Charte place les questions environnementales au centre des préoccupations de l'OMVS. Un des buts de la Charte et la détermination des règles relatives à la préservation et à la protection de l'environnement, particulièrement en ce qui concerne la faune, la flore, les systèmes des plaines inondables et les zones humides. À travers l'article 16 de la Charte, les États de l'OMVS ont la responsabilité de protéger et de préserver le Fleuve à travers leurs législations nationales d'une part, et d'autre part à travers les instruments juridiques communs. Les États doivent prendre de nombreuses mesures qui visent à préserver l'introduction d'espèces étrangères ou nouvelles, de plantes et d'animaux, susceptibles d'altérer l'écosystème du Fleuve.

156. **La Convention relative au statut juridique des ouvrages communs.** Les ouvrages communs au sens de l'article 2 de la Convention sont des ouvrages qui sont la propriété commune et indivisible des États membres de l'OMVS. L'article 3 énumère certains ouvrages qui rentrent dans cette catégorie. Cette convention vise à fédérer les États autour des ouvrages réalisés en matière de barrage hydroélectrique, d'installations portuaires, d'aménagement de chenal navigable en tant que copropriété et bien indivisible.

---

[73] Youssouf SYLLA, « *Droit guinéen de l'environnement* », *L'*Harmattan Guinée, p. 106.

157. **L'Autorité du Bassin du Niger** (**ABN**). Le Bassin du fleuve Niger compte approximativement 100 millions d'habitants et constitue une richesse vitale, mais complexe pour l'Afrique de l'Ouest et du Centre. Troisième grand fleuve du continent africain par sa longueur (4 200 km), le bassin du fleuve Niger couvre neuf pays : le Bénin, le Burkina Faso, le Cameroun, la Côte d'Ivoire, la Guinée, le Mali, le Niger, le Nigeria et le Tchad. Le fleuve Niger est une ressource qui contribue à la fois à l'économie et à la géopolitique de ces pays du fait qu'il n'est pas seulement un cours d'eau, mais aussi une identité, une voie de transport et de commerce, un moyen de coopération et une source potentielle de conflits[74].

158. La première tentative vers une coopération internationale pour le développement des ressources du bassin du Niger débuta en octobre 1963 lorsque les Représentants des 9 États riverains du fleuve, de ses affluents et sous-affluents se réunirent à Niamey et adoptèrent l'Acte concernant la navigation et la coopération économique entre les États du Bassin (Acte de Niamey de 1963).

159. La Commission du Fleuve Niger (CFN) fut créée conformément à l'article 5 de l'Acte de Niamey. Au cours d'une réunion subséquente tenue à Niamey en novembre 1964, les neuf États signèrent l'"Accord concernant la Commission du Fleuve Niger, la Navigation et le Transport sur le fleuve Niger" (Accord de Niamey, 1964). L'accord de Niamey, modifié en 1968 et révisé en 1973, donna à la Commission des pouvoirs exécutifs substantiels qui a été alors chargée de promouvoir, d'encourager et de

---

[74] Inger Anderson, D. Ousmane et autres, « *Le bassin du Niger, vers une vision du développement durable* », Directions in developpement, p. 9

coordonner toutes les études et les projets concernant le développement des ressources naturelles du Bassin. Après dix-sept années d'existence, les performances de la Commission du Fleuve Niger ont été jugées insuffisantes. Aussi, les Chefs d'État et de Gouvernement des pays riverains, réunis en sommet le 26 janvier 1979 à Lagos ont-ils décidé de tout mettre en œuvre pour redynamiser l'Organisation.

160. À l'issue du deuxième sommet tenu en novembre 1980 à Conakry, la Commission du Fleuve Niger fut transformée en l'Autorité du bassin du Niger. Cette transformation reflétait clairement la ferme volonté des neuf États membres de se mobiliser concrètement autour d'objectifs communs de développement afin d'assurer un mieux-être à leurs peuples, dont ils jugent le devenir solidaire.

161. Ce processus de création de l'ABN nous inspire à comprendre qu'elle reste un organisme de bassin ayant connu un long processus d'émancipation institutionnel. Ce processus, loin d'arriver à son terme, continue encore élargir le périmètre de son objectif. Les neufs États consentent des efforts par le déploiement d'un cadre institutionnel destiné à assurer son fonctionnement, d'où la Convention révisée portant création de l'Autorité du Bassin du Niger de 1987.

162. Conformément à l'alinéa 1 et 2 de l'article 1er de la Convention suscitée, « ... les Hautes Parties Contractantes décident de transformer la Commission du Fleuve Niger en une "Autorité du Bassin du Niger", ci-après dénommée. L'Autorité est instituée aux lieu et place de la Commission du Fleuve Niger créée par l'Accord relatif à la Commission du Fleuve Niger et à la Navigation et aux Transports sur le

Fleuve Niger signé à Niamey le 25 novembre 1964, révisé à Niamey le 2 février 1968 et le 15 juin 1973, et à Lagos le 26 janvier 1979 ». Le Siège de l'Autorité est fixé à Niamey, République du Niger.

163. L'ABN dispose également d'un certain nombre de traités qui réglementent le fleuve Niger. Il s'agit notamment de la Convention révisée portant création de l'Autorité du Bassin du Niger du 29 octobre 1987.

164. Elle fixe le but, ses objectifs de l'autorité et détermine son cadre organique. Le but de l'Autorité est de promouvoir la coopération entre les pays membres et d'assurer un développement intégré du Bassin du Niger dans tous les domaines de l'énergie, de l'hydraulique, de l'agriculture, de l'élevage, de la pêche et de la pisciculture, de la sylviculture et l'exploitation forestière, des transports et communications, et de l'industrie.

165. Son objectif, conformément à l'article 4 de ladite convention, est d'harmoniser et de coordonner les politiques nationales de mise en valeur des ressources en eau du Bassin du Niger, de participer à la planification du développement par l'élaboration et la mise en œuvre d'un plan de développement intégré du bassin, de promouvoir et de participer à la conception et à l'exploitation des ouvrages et des projets d'intérêt commun.

166. **La charte de l'eau de l'ABN et ses différentes annexes.** La Charte de l'eau du Bassin du Niger est un instrument juridique permettant d'encadrer la coopération entre les pays membres du bassin du Niger selon les principes de gestion et de bonne gouvernance pour un développement durable et partagé du bassin. Elle est adoptée depuis avril 2008 et entrée en vigueur depuis le 19

juillet 2010 et vise à promouvoir la coopération basée sur la solidarité et la réciprocité pour une gestion durable, équitable et coordonnée des ressources en eau du bassin. À ce titre, elle vise également à renforcer la solidarité et promouvoir l'intégration et la coopération économique sous-régionale entre les États membres, à promouvoir une gestion intégrée des ressources en eau du Bassin du Niger et l'harmonisation et le suivi des politiques nationales, de conservation et de protection du Bassin versant hydrographique du Niger.

167. Cette Charte compte aujourd'hui cinq différentes annexes, qui viennent en complément de ses fondements et de ses grandes lignes directrices. L'annexe 1 constitue un corpus juridique innovant aussi bien en Afrique de l'Ouest que dans le reste du continent. À travers ses 23 chapitres et 229 articles, elle aborde d'importantes questions dans le domaine de l'environnement. Il s'agit en particulier de certains principes fondamentaux, de l'évaluation environnementale des projets et du plan de gestion environnementale. L'annexe 2 est relative au règlement d'eau pour la gestion coordonnée des barrages structurants. Elle a pour objectif de définir les règles générales, les modalités et les contraintes pour la gestion coordonnée de tous les barrages structurants existants et futurs sur le fleuve Niger et ses affluents, tout en tenant compte des grands enjeux sociaux, économiques et environnementaux du bassin versant hydrographique.

168. L'annexe 3, elle, est relative à la notification préalable des mesures projetées et à l'instruction des dossiers de notification. Elle a un objectif général et des objectifs spécifiques. Son objectif général vise à déterminer les modalités de mise en œuvre de la notification, de l'information et de la déclaration préalable des mesures

projetées dans le bassin versant du Niger. Parmi ces objectifs spécifiques, on peut noter entre autres la détermination des données et notifications devant accompagner les actes de notification, d'information et de déclaration, de la procédure d'instruction des dossiers de notifications préalables au sein de l'Autorité du Bassin du Niger, du contenu de l'avis émis et la réponse de la décision prise en réponse à la notification, des modalités de mises en œuvre d'urgence des mesures projetées, etc.

169. L'annexe 4 est relative au partage des coûts et bénéfices d'ouvrages communs et ouvrages d'intérêts commun. Elle détermine le modèle de partage des coûts et bénéfices applicable à tout ouvrage commun et ouvrage d'intérêt commun réalisé dans le bassin du Niger.

170. De manière spécifique, elle vise à déterminer les principes qui doivent guider les États dans le partage des coûts et bénéfices des ouvrages communs et des ouvrages d'intérêt commun, la règle de partage des coûts et bénéfices des ouvrages communs et des ouvrages d'intérêt commun, la méthodologie de détermination de la règle de répartition des coûts et bénéfices des ouvrages communs et des ouvrages d'intérêt commun.

171. Enfin, l'annexe 5, relative au régime juridique des ouvrages communs et des ouvrages d'intérêts communs, vise à déterminer les modalités des ouvrages communs et des ouvrages d'intérêt commun, la propriété des ouvrages commune et les ouvrages d'intérêt commun ainsi que les droits et obligations des États participant à la réalisation et à la gestion de ces ouvrages, les modes de financement des ouvrages communs et les ouvrages d'intérêt commun, les modalités de gestion des ouvrages d'intérêt commun.

B – L'Organisation pour la Mise en Valeur du fleuve Gambie (OMVG) : un organisme de bassin transfrontalier

172.Le fleuve Gambie prend sa source en Guinée, dans la région du Fouta-Djalon et s'étend sur le fleuve Sénégal et la Gambie. C'est le 30 juin 1978 que l'OMVG a été créée par le Sénégal et la Gambie. La Guinée a, par la suite, adhéré à l'organisation suite à la résolution N2/CEGCG du 7 juin 1981. L'OMVG est régie par divers textes dont la Convention portant création de l'Organisation pour la Mise en Valeur du fleuve Gambie, la Convention relative au statut juridique du fleuve Gambie et la Convention relative au statut juridique des ouvrages communs.

173. **Convention portant création de l'OMVG.** Signée le 30 juin 1978 à Kaolack(Sénégal) par quatre États de l'Afrique de l'Ouest (La Gambie, la Guinée, la Guinée Bissau et le Sénégal), la convention, en son article premier, charge l'OMVG, entre autres, de l'application de la Convention relative au statut du fleuve Gambie, de la promotion et de la coordination des études et des travaux de mise en valeur des ressources des bassins des fleuves Gambie, Kayanga/Géba et koliba/Corubal sur les territoires nationaux des États membres de l'organisation et de toute mission technique et économique que les États membres voudront ensemble lui confier[75].

174. **Convention relative au statut juridique du fleuve Gambie.**

Sur le fondement de l'article 1er de la Convention, le fleuve Gambie et ses affluents sont déclarés fleuve « d'intérêt régional » sur les territoires nationaux des États signataires de la Convention. Aussi, ces États s'engagent à

---

[75] Youssouf SYLLA *op. cit.*, p.100.

exploiter rationnellement les ressources du fleuve. C'est à ce titre que l'article 4 de la Convention prévoit qu'*aucun projet susceptible de modifier d'une manière sensible les caractéristiques du régime du Fleuve, ses conditions de navigabilité, l'exploitation agricole ou industrielle, l'état sanitaire des eaux, les caractéristiques biologiques de sa faune ou de sa flore, son plan d'eau, ne peuvent être exécuté sans avoir été, au préalable, approuvé par les États contractants* ». Les États ont un délai de six mois pour approuver ou non, le projet qui leur est soumis. Le silence gardé par les États, six mois après réception de la demande d'exécution d'un projet.

175. L'article 4 de la Convention est formulé de manière à favoriser une démarche consensuelle entre les États partis dans le cadre de la réalisation des projets émanant d'un État. Il a été donné de constater qu'une démarche cavalière par laquelle un État parti a édifié un ouvrage sur les eaux partagées a pu produire de graves conséquences sur les autres États. Il s'agit par exemple de la construction des barrages sur le fleuve Kayanga-Geba par le Sénégal, en dehors d'une véritable concertation avec les autres États riverains.

176. La Banque Africaine du développement dans son rapport du « Projet de gestion intégrée des ressources intégrée en eau dans le bassin versant du fleuve Kayamba-Geba » mentionnait que « la construction de ces ouvrages, combinée aux conditions climatiques difficiles, a engendré une diminution considérable des débits au de la Guinée Bissau, ce qui a engendré des effets environnementaux négatifs et a affecté les activités agricoles développées sur les rives... »

177. **La Convention relative au statut juridique des ouvrages communs.**

En application de l'article 5 de la Convention relative au statut juridique du fleuve Gambie, cette convention détermine le cadre juridique des ouvrages communs. L'article 1er, alinéa 3 de la convention donne la définition suivante à un tel ouvrage « on entend par ouvrage commun tout ouvrage d'intérêt commun pour lequel les États membres ont décidé qu'il soit leur propriété. Cependant, tout ouvrage peut-être déclarer ouvrage commun par un instrument juridique approprié adopté par les États membres de l'organisation ». Quel que soit le besoin auquel répond un ouvrage commun (exploitation agricole ou industrielle), il est possible que sa construction ou son exploitation porte atteinte aux ressources fauniques et floristiques du fleuve Gambie. Ainsi, l'ensemble des ouvrages communs fait l'objet aux termes de l'article 18 de la convention d'une exploitation rationnelle, sous la vigilance du Haut-commissariat[76].

178. La gestion des ouvrages communs est confiée à des agences de gestion placées sous la tutelle de l'OMVG. Des privilèges et immunités diplomatiques sont accordés aux agences sur les territoires des États membres en vue de leur permettre de jouer pleinement leurs rôles. En ce qui concerne les conditions d'exécution d'un ouvrage commun, la convention en son article 6 prévoit que ces ouvrages « pris individuellement feront l'objet d'un instrument juridique qui en fixe les composantes et les caractéristiques techniques[77] ».

---

[76] Le Haut-commissariat est chargé entre autres de coordonner des programmes d'exploitation du système d'infrastructure régionale aux fins d'irrigation, de navigation et de production d'énergie hydroélectriques, des plans d'entretiens d'ouvrages...

[77] *Ibid.,*

179. Pour terminer, notons que le droit à l'eau en Guinée connait un cadre juridique qui interagit entre les normes et institutions nationales et celles internationales. L'émergence d'un droit international relatif à l'eau, notamment au niveau communautaire, influe sur les normes nationales. C'est ainsi que la Guinée, membre de ces organisations que nous venons de présenter, est tenue de respecter et de faire respecter les instruments juridiques auxquels elle souscrit vis-à-vis de l'ABN, l'OMVS et de l'OMVG, sous peine de voir sa responsabilité être engagée, étant entendu que ces organismes de basssin sont partie intégrante de son cadre institutionnel.

Paragraphe II : Les institutions nationales.

180.Un dispositif normatif, aussi bien conçu soit-il, ne peut produire d'effets concrets sans l'appui d'un cadre institutionnel fonctionnel. Inversement, une institution sans ancrage juridique solide perd sa légitimité et son efficacité. Conscient de cette interdépendance, le législateur guinéen a mis en place plusieurs structures nationales, dotées de compétences spécifiques en matière de gouvernance de l'eau. Ces institutions n'interviennent pas toutes avec le même degré d'implication. Certaines exercent une compétence directe, exclusive et structurante, tandis que d'autres participent de manière complémentaire à la régulation du secteur. D'où le choix de les regrouper, dans le cadre de cette étude, en deux catégories : les institutions à compétence primaire **(A)** et les institutions à compétence secondaire **(B)**.

A – Les institutions nationales à compétence primaire

181. Par « compétence primaire », on entend, ici, une compétence matérielle directement attachée à la gestion de l'eau, au sens où l'objet principal de l'action institutionnelle

concerne la réglementation, la planification ou la gestion stratégique des ressources hydriques. Ce groupe comprend notamment certains ministères sectoriels, ainsi que des organismes publics spécialisés qui leur sont rattachés.

182.**Quelques ministères comme institutions à compétence primaire intervenant dans le secteur de l'eau.** Il sera question d'exposer sur le ministère de l'hydraulique et des hydrocarbures, le ministère de l'Environnement et du développement durable et le ministère des mines et de la géologie.

183. **Le ministère l'hydraulique et des hydrocarbures : acteur institutionnel central de la politique de l'eau en Guinée**

L'organisation institutionnelle de la gestion de l'eau en République de Guinée repose sur un ensemble de structures administratives dont certaines occupent une place prépondérante du fait de leurs attributions légales et réglementaires. Parmi ces structures figure en première ligne le ministère de l'Hydraulique et des Hydrocarbures, dont les compétences dans le domaine hydrique s'inscrivent dans une approche intégrée, articulée autour de la planification, de la réglementation, de la gestion durable et de la préservation des ressources en eau.

184. Créé par le décret D/2025/0167/PRG/SCG[78], ce ministère se voit confier un mandat stratégique dans la gouvernance de l'eau, couvrant à la fois les dimensions techniques, juridiques, environnementales et économiques de la ressource. À travers ses nouvelles attributions, il est clairement établi comme l'institution de référence en matière d'élaboration et de mise en œuvre de la politique

[78] D/2025/0167/PRG/SCG portant attributions et organisation du ministère de l'hydraulique et des hydrocarbures.

nationale de l'eau et exerce une compétence générale sur l'ensemble des ressources en eau, qu'elles soient de surface ou souterraines, en milieu rural comme en milieu urbain. Cette compétence se manifeste entre autres par l'élaboration des textes législatifs et réglementaires en matière d'hydraulique, d'hydrocarbures et de l'assainissement et de veiller à leur application, la définition et la mise en œuvre des politiques et stratégies dans les domaines de l'eau, de l'assainissement et des hydrocarbures, la contribution à l'élaboration et la mise en œuvre des politiques et stratégies dans le domaine de l'hygiène et de la salubrité, à l'information, la sensibilisation et l'encadrement de la population en matière d'eau, d'assainissement et des hydrocarbures, à réaliser et entretenir des équipements permettant la pré-collecte, la collecte, l'évacuation, le traitement des eaux usées et pluviales, au transport et au recyclage des déchets liquides domestiques et industriels, etc.[79].

185. La mission du ministère ne se limite donc pas à l'aspect opérationnel. Elle intègre une vision prospective, qui prend en compte la durabilité des ressources, la croissance démographique, l'urbanisation croissante et les exigences de l'équité territoriale dans l'accès à l'eau. Outre sa fonction de pilotage stratégique, le ministère détient une compétence normative et régulatrice essentielle. Il participe à la définition du cadre juridique applicable à la ressource hydrique, notamment en ce qui concerne les droits d'usage, les conditions de prélèvement, les obligations de traitement ou encore les mécanismes de tarification.

186. Il veille, à ce titre, à la conformité des usages avec les textes en vigueur et assure la surveillance de la qualité

---

[79] Article 1 du décret D/2025/0167/PRG/SCG portant attributions et organisations du ministère de l'hydraulique et des hydrocarbures.

de l'eau, en collaboration avec les agences techniques, les laboratoires spécialisés et les services déconcentrés. Le ministère peut également proposer des réformes législatives ou réglementaires destinées à améliorer la gouvernance du secteur et à répondre aux impératifs de justice sociale et de protection environnementale. Conformément aux principes posés par le Code des collectivités locales, le ministère s'inscrit dans une dynamique de transfert progressif des compétences en matière de gestion de l'eau vers les collectivités locales[80]. Ce transfert vise à rapprocher la décision publique des réalités locales et à favoriser la responsabilisation des acteurs locaux dans la gestion de cette ressource essentielle. Dans cette perspective, le ministère élabore des mécanismes de transfert technique, financier et institutionnel, tout en mettant en place des dispositifs de suivi et d'appui aux collectivités. Il participe également à la structuration des services publics locaux de l'eau, en assurant leur professionnalisation et leur viabilité économique.

187. Enfin, le ministère de l'Hydraulique et des Hydrocarbures incarne une approche intégrée de la gestion de l'eau, fondée sur la reconnaissance du caractère transversal et vital de cette ressource. Il collabore avec d'autres départements ministériels et institutions concernées par les enjeux liés à l'eau – santé, environnement, agriculture, urbanisme – afin de garantir une cohérence globale de l'action publique.

---

[80] La loi N° L/2017/N°0040/AN du 26/05/2017 précise les domaines des collectivités locales en ses articles 29 et 30 dont la sécurité, l'environnement et le cadre de vie (hygiène et salubrité), la protection de l'environnement, la planification, le développement local, l'aménagement du territoire, l'habitat et l'urbanisme.

188. **Le ministère de l'Environnement et du Développement Durable : garant de la soutenabilité écologique de la ressource en eau**

Dans le paysage institutionnel guinéen, la gestion de la ressource en eau ne saurait être envisagée de manière sectorielle ou cloisonnée. Elle nécessite une approche transversale qui tienne compte de l'ensemble des fonctions que l'eau remplit, tant pour les sociétés humaines que pour les équilibres naturels. À cet égard, le ministère de l'Environnement et du Développement Durable occupe une place stratégique. En vertu du décret D/2022/0042 PRG/SGG portant attributions et organisation dudit ministère, il est chargé de la conception, de l'élaboration et de la mise en œuvre de la politique gouvernementale en matière d'environnement et de développement durable[81]. La compétence *ratione materiae* de ce ministère est, par essence, transversale. Elle s'étend à toute activité ou tout projet susceptible de porter atteinte à l'environnement, ce qui inclut naturellement l'exploitation et l'aménagement des ressources en eau. En tant qu'élément naturel et milieu récepteur, l'eau fait partie intégrante des composantes environnementales soumises à évaluation, à réglementation et à contrôle.

189. C'est pourquoi toute autorisation de prélèvement ou de mobilisation de la ressource hydrique est juridiquement subordonnée à une approbation environnementale préalable, délivrée en collaboration avec ce ministère. Cette condition découle du régime juridique guinéen, qui impose une attribution conditionnée des titres d'eau, que nous développerons dans la prochaine partie, afin de garantir leur compatibilité avec les objectifs environnementaux définis par la loi.

---

[81] Décret D/2022/0042 PRG/SGG Portant organisation et attributions du ministère de l'Environnement et du Développement Durable, art. 1er.

190. L'exercice d'un droit d'usage sur la ressource en eau – que ce soit à des fins domestiques, agricoles, industrielles ou énergétiques – ne peut être pleinement effectif qu'à la condition que les ouvrages projetés soient conformes aux exigences de préservation du milieu naturel, notamment en termes de pollution, d'érosion, de perturbation des écosystèmes aquatiques ou de surexploitation. La mise en œuvre de cette exigence d'approbation environnementale est assurée, en pratique, par un organe technique rattaché audit ministère : l'Agence Guinéenne d'Évaluation Environnementale (AGEE). Cet organisme autonome instruit les dossiers d'étude d'impact environnemental, émet des avis techniques, et peut conditionner la délivrance ou le maintien d'un projet hydraulique à la mise en œuvre de mesures correctives ou compensatoires.

191. Ces missions placent l'environnement – et donc l'eau – au cœur des politiques de développement durable que l'État guinéen s'engage à poursuivre. Le ministère accompagne ainsi les autres départements sectoriels dans l'intégration des enjeux environnementaux dans leurs plans et programmes, garantissant une approche holistique et interinstitutionnelle de la gestion de l'eau. Si l'on s'en tient à la lettre comme à l'esprit des textes juridiques en vigueur, il apparaît clairement que le ministère de l'Environnement et du Développement Durable détient une compétence primaire dans la gestion de la ressource en eau, non pas en tant que gestionnaire direct, mais en tant qu'autorité de régulation environnementale. Sa capacité à valider ou à bloquer un projet d'aménagement ou d'exploitation constitue un levier juridique de première importance, qui le positionne comme un acteur incontournable de la gouvernance hydrique en Guinée.

192. Cette place éminente est d'autant plus justifiée que la gestion durable de l'eau ne peut s'affranchir d'une prise en compte rigoureuse des équilibres écologiques, des pressions anthropiques croissantes et des impératifs liés au changement climatique. En veillant à l'intégrité des bassins versants[82], à la qualité des eaux et à la préservation des milieux aquatiques, le ministère contribue à asseoir une politique de l'eau fondée sur la durabilité, la résilience et l'équité.

193. Le ministère de l'Environnement et du Développement durable occupe une place centrale dans le dispositif institutionnel guinéen de gestion de l'eau. Par la diversité et la transversalité de ses attributions, il en constitue le pilier principal, tant du point de vue stratégique que réglementaire. Son action, fondée sur les principes d'efficience, de durabilité et d'équité, s'inscrit dans une logique de réforme continue visant à garantir à tous les citoyens un accès équitable, sécurisé et durable à l'eau, ressource vitale par excellence.

194. **Le ministère des Mines et de la géologie : une institution clé dans la gestion des eaux minérales et thermales en République de Guinée**

Le ministère des Mines et de la Géologie occupe une place stratégique dans le cadre institutionnel régissant le secteur de l'eau en République de Guinée, en particulier en ce qui concerne les eaux minérales et thermales. Bien que

---

[82] L'article 8 D/2025/0167/PRG/SCG portant attributions et organisations du ministère de l'hydraulique et des hydrocarbures fixe les services rattachés dont la cellule nationale de coordination de l'organisation pour la mise en valeur du fleuve Sénégal (OMVS), la cellule nationale de coordination de l'organisation pour la mise en valeur du fleuve Gambie OMVG, la structure focale de l'autorité du bassin du Niger ABN, la structure focale du projet d'aménagement du massif du Fouta, la structure focale de l'union du fleuve Mano.

cette implication puisse sembler surprenante au premier abord, elle découle directement de la qualification juridique que leur accorde le Code minier guinéen, à travers l'article 13 de la loi L/2011/006/CNT du 9 septembre 2011, modifiée par la loi L/2013/053/CNT du 8 avril 2013, qui dispose clairement que les eaux minérales et thermales sont classées dans la sixième catégorie des substances minières, aux côtés de la bauxite, de l'or, des métaux, des terres rares, ou encore de l'uranium. Ce classement signifie que ces eaux, bien qu'étant des ressources hydriques, relèvent du régime minier et, par conséquent, de la compétence du ministère des Mines et de la Géologie[83].

195. Conformément à sa mission, ce ministère est chargé de la conception, de l'élaboration, de la mise en œuvre et du suivi de la politique du gouvernement dans les domaines des mines et de la géologie. À ce titre, il exerce une tutelle sur les eaux minérales et thermales, considérées comme des ressources à caractère économique, stratégique ou sanitaire. Il convient toutefois de nuancer cette compétence. Si le ministère des Mines intervient sur les eaux minérales et thermales en raison de leur statut de substances minières, il n'a pas une compétence exclusive sur l'ensemble des eaux souterraines. En effet, le législateur guinéen a opté pour une approche unifiée et intégrée de la gestion de l'eau, qui prend en compte tant les eaux de surface que les eaux souterraines, sans les dissocier strictement sur le plan administratif.

196. Le Code minier confirme que parmi les missions du ministère figurent notamment la réalisation d'infrastructures géologiques, géochimiques, géophysiques, hydro-géologiques et géotechniques, l'inventaire et

---

[83]Art 13 de la loi L/2011/006/CNT du 09 septembre 2011 portant Code minier de la République de modifiée par la loi L/2013/053/CNT du 08 avril 2013

l'évaluation des ressources minérales, y compris les eaux souterraines. Cependant, la délivrance des titres miniers relatifs aux eaux souterraines (notamment les permis d'exploitation des gîtes géothermiques et des eaux minérales) est encadrée par une collaboration institutionnelle. Ainsi, selon l'article 100 du Code minier, le permis relatif aux eaux souterraines et aux gîtes géothermiques est accordé par arrêté conjoint du Ministre en charge des Mines et du Ministre en charge de l'Hydraulique, sur recommandation du Centre de Promotion et de Développement Minier (CPDM)[84].

197. Il ressort de ce cadre juridique que le ministère des Mines et de la Géologie joue un rôle déterminant, mais circonscrit, dans la gestion de certaines ressources en eau. Son champ d'intervention se limite essentiellement aux eaux minérales et thermales, traitées comme substances minières en raison de leur valeur économique, thérapeutique ou stratégique. En définitive, bien que la gestion globale de l'eau en Guinée relève prioritairement du ministère de l'Hydraulique, le ministère des Mines et de la Géologie y contribue de manière significative dans son champ de compétence spécifique : celui des eaux minérales et thermales, en vertu de leur statut de substance minière. Cette co-gestion illustre la volonté du législateur guinéen de mettre en œuvre la protection de cette ressource vitale.

198. **Les organismes publics autonomes : acteurs techniques à compétence primaire dans la gestion de l'eau**

Aux côtés des ministères sectoriels, plusieurs organismes publics autonomes jouent un rôle de premier plan dans la mise en œuvre opérationnelle de la politique de l'eau en République de Guinée. Qu'ils soient à caractère

[84] *Ibid.* Art 100.

commercial, administratif ou technique, ces établissements interviennent soit dans un domaine géographique précis (urbain ou rural), soit selon une spécialisation fonctionnelle (hydraulique, assainissement, régulation, hydrocarbures, etc.). Ils traduisent, à l'échelle du terrain, les ambitions de l'État en matière d'accès à l'eau, d'assainissement, de durabilité et de gouvernance. C'est le décret D/2025/0167/PRG/SCG portant attributions et organisation du ministère de l'hydraulique et des hydrocarbures qui les énumèrent dont entre autres.

199. **La Société des Eaux de Guinée (SEG).** Société anonyme à participation publique créée en 1989, la SEG est placée sous la tutelle du ministère en charge de l'hydraulique. Elle assure la production, le transport et la distribution d'eau potable dans les zones urbaines, couvrant l'ensemble des centres urbains du pays à travers un réseau de directions régionales et de centres opérationnels[85]. Sa mission comprend également l'exploitation, l'entretien et la réhabilitation des infrastructures, la gestion des abonnements, de la facturation et du recouvrement. Sa compétence est *ratione loci* strictement urbaine, ce qui fait d'elle l'opérateur public principal du service de l'eau en milieu urbain, exerçant une compétence primaire dans son domaine.

200. **Le Service National d'Aménagement des Points d'Eau (SNAPE).** Le SNAPE, établissement public à caractère administratif (EPA), créé en 1980, et placé sous la tutelle du ministère chargé de l'Hydraulique et régi par le décret N° 57/PRG/SGG/90 fixant ses statuts. Il est l'acteur étatique de référence en matière d'hydraulique villageoise. Il intervient exclusivement en zone rurale, avec pour

[85]Ministère L'hydraulique, Société des Eaux de Guinée (SEG), Projet urbain eau Guinée(PUEG), Cadre de Politique de Réinstallation (CPR) actualisé – Version finale, Mars 2020.

objectifs l'approvisionnement en eau potable, la réduction des maladies hydriques, l'amélioration des conditions de vie et la promotion du développement local. Il autorise, contrôle et coordonne les interventions des ONG et opérateurs privés en milieu rural, approuve les études techniques, tient à jour le fichier national des points d'eau et promeut des systèmes d'adduction modernes adaptés aux zones rurales. Par la diversité de ses prérogatives, le SNAPE exerce une compétence primaire spécialisée dans l'accès à l'eau en milieu rural.

201. **L'Agence Nationale d'Assainissement et de Salubrité Publique (ANASP).** L'ANASP est une structure autonome placée sous la tutelle du ministère en charge de l'Hydraulique ou de l'Environnement, selon les volets concernés. Sa mission centrale est de concevoir, coordonner et mettre en œuvre les politiques nationales d'assainissement liquide et solide. Dans le cadre de la gestion de l'eau, l'ANASP joue un rôle essentiel dans la gestion des eaux usées, des boues de vidange et du drainage urbain, éléments indissociables du cycle de l'eau. Elle participe aussi à la planification et à la réalisation des infrastructures d'assainissement, contribuant ainsi à la protection de la ressource en eau et à la salubrité du cadre de vie. Elle exerce une compétence transversale, en appui à la gestion durable de l'eau en milieu urbain et périurbain.

202. **L'Agence de Régulation des Eaux (ARE).** L'Agence de Régulation des Eaux, souvent associée à l'Autorité de Régulation de l'Eau et de l'Électricité (AREE)[86], est chargée de veiller au respect des règles de service public, de transparence et d'équité dans la gestion

[86] La loi ordinaire N° 0050/2017/AN portant création, attributions, organisation et fonctionnement de l'autorité de régulation des services publics de l'électricité et de l'eau potable en République de Guinée

des ressources hydrauliques et des services associés. Elle intervient dans la fixation des tarifs, l'encadrement contractuel des opérateurs, la protection des consommateurs et le suivi de la qualité des prestations fournies par les délégataires publics ou privés. L'ARE assure ainsi une fonction de régulation économique et technique, garantissant la bonne gouvernance et l'efficience du secteur. Sa compétence est transversale et centrale dans l'organisation du secteur de l'eau, tant urbain que rural.

203. **Le Fonds de l'Hydraulique (FH)**. Instrument financier placé sous la tutelle du ministère en charge de l'hydraulique, le Fonds de l'Hydraulique est chargé de mobiliser, gérer et redistribuer les ressources financières destinées au développement du secteur de l'eau. Il est chargé de financer le développement des ressources en eau, de mobiliser les ressources financières nécessaires à la protection, à la préservation et au développement des ressources en eau, d'appuyer le département dans la conception, l'élaboration et la mise en œuvre de la Politique Nationale de l'Eau de participer à la mise à jour du répertoire des usagers, d'assurer le recouvrement des redevances et des pénalités liées à l'acquisition de titre de droit d'utilisation/d'exploitation des ressources en eau et de licence de forage, d'entretenir et développer le partenariat avec les partenaires techniques et financiers, enfin de participer aux rencontres nationales, régionales, sous régionales et internationales traitant des questions liées aux ressources en eau[87].

204. **La Société Nationale des Hydrocarbures (SONAH)**. Bien que son objet principal soit orienté vers la gestion des ressources en hydrocarbures, la SONAH,

---

[87] Décret D/2023/ 0 0 09 PRG/CNRD/SGG portant attributions, organisation et fonctionnement du fond de l'hydraulique

société d'État ou à participation publique, peut intervenir indirectement dans le secteur de l'eau, notamment à travers les forages, les études géotechniques ou hydrogéologiques réalisées dans le cadre de ses projets pétroliers et gaziers.

205. En vertu du principe d'intégration des politiques sectorielles, la SONAH est tenue de se conformer aux obligations environnementales et hydriques, notamment par la réalisation d'études d'impact environnemental, la prévention de la pollution des nappes phréatiques et la mise en œuvre de mesures de compensation hydrique. Sa contribution est donc indirecte, mais non négligeable, dans la protection des ressources en eau, notamment dans les zones d'exploration ou d'exploitation. Pour finir, notons que les organismes publics autonomes forment un maillage institutionnel essentiel à la gouvernance de l'eau en Guinée. Chacun, selon son mandat et son champ d'intervention, participe à la réalisation du droit à l'eau dans une logique de complémentarité.

B – Les institutions à compétence secondaire dans la gestion de la ressource en eau

206. L'encadrement juridique et administratif de l'eau ne relève pas exclusivement des institutions à compétence primaire. Il existe en effet un ensemble d'acteurs institutionnels dont l'intervention dans ce domaine est indirecte, mais significative. Ces institutions, qualifiées de secondaires, disposent d'un mandat principal dans d'autres domaines — santé, pêche, transports, culture —, mais leurs prérogatives croisent la question hydrique à divers niveaux. Leur action est souvent complémentaire, voire indispensable à la gouvernance intégrée de l'eau.

207. **Le ministère de la Pêche et de l'Économie Maritime**. Bien que sa mission première concerne

l'élaboration et l'application des politiques relatives à la pêche, à l'aquaculture et à l'économie maritime, ce ministère entretient un lien fonctionnel avec la ressource en eau. L'aquaculture, la mariculture ou encore la pêche continentale dépendent directement de la qualité, de la disponibilité et de la gestion des milieux aquatiques (eaux douces, saumâtres et marines). Par ailleurs, à travers ses directions techniques, il participe à la lutte contre la pollution des milieux marins et au suivi écologique des écosystèmes aquatiques. La Préfecture maritime, structure centrale de régulation, joue notamment un rôle dans la préservation de l'environnement marin. La préfecture maritime, – « PREMARGUI » en abrégé – constitue sa structure de régulation, qui joue un immense rôle dans la protection de l'environnement marin et des ressources qui s'y trouvent. Les différents décrets relatifs à la préfecture maritime mettent en place des structures qui se chargent de l'application des lois nationales et internationales dans le cadre de cette protection.

208. **Le ministère de la Santé et de l'hygiène publique**. La relation entre eau et santé est bien établie : les maladies hydriques représentent un enjeu de santé publique majeur. À ce titre, ce ministère détient une compétence normative et de contrôle sur la qualité de l'eau destinée à la consommation humaine. Le Code de la santé publique lui confie la surveillance sanitaire des ouvrages hydrauliques, l'approbation des produits de traitement de l'eau, ainsi que le pouvoir de définir les normes physico-chimiques, biologiques et bactériologiques applicables. Il joue ainsi un rôle crucial, quoique secondaire, dans la régulation du cycle de l'eau, en lien avec les impératifs de santé publique[88].

[88] Voir l'article 4 du Code de la santé publique de la République de Guinée.

209. Le Code de la santé de la République de Guinée essentialise la protection de l'eau au nombre des mesures à entreprendre pour répondre aux exigences de salubrité, de propreté et d'assainissement, qui constituent les normes de référence en matière d'hygiène publique. Il assimile, dès lors, l'atteinte de l'objectif de la santé publique à la maitrise rationnelle des eaux dans leurs ensembles. C'est ainsi qu'il confère la prérogative de la surveillance sanitaire de la qualité des eaux au ministère de la Santé et de l'hygiène publique[89]. Ainsi, les ouvrages de captage, de traitement, de stockage, de distribution des eaux doivent être munis de dispositifs de protection ; ceux-ci doivent être approuvés par le service de Prévention du Ministère chargé de la Santé Publique [90] . De même, les produits utilisés pour le traitement des eaux doivent recevoir obligatoirement l'avis favorable du Service de Prévention du Ministère chargé de la Santé publique[91]. Dans l'intérêt de la Santé publique, cet organe est investi du pouvoir de vérifier le respect des normes OMS relatives à la qualité de l'eau en Guinée, de recueillir auprès des services compétents les données de base (hydrogéologie, physique) des points d'eau en Guinée et encore de proposer des normes de qualité concernant la production, l'importation et la commercialisation de l'eau en Guinée. Le Ministère de la Santé et de l'Hygiène Publique a mis en place un service, auquel il a conféré cette autre mission. Il s'agit du Département Chimie Pharmaceutique et Alimentaire de l'Institut National de Santé Publique[92].

210. **Le ministère des Infrastructures et des Transports**. Sa compétence hydrique est circonscrite aux

[89] *Ibid.,* art.36
[90] *Ibid.,* art.12.
[91] Ibid., art. 39
[92] Ibid., art. 28

infrastructures portuaires et fluviales, dont l'existence dépend nécessairement des eaux superficielles. Il intervient dans l'aménagement, la réhabilitation et l'exploitation des bacs fluviaux, des ports et quais, ce qui le place dans une position d'interaction ponctuelle avec la ressource. Toutefois, son action est guidée par les impératifs logistiques et économiques, non environnementaux. Sa compétence reste donc fonctionnelle et limitée à des contextes spécifiques.

211. **Les instances coutumières.** L'on entend par « instances coutumières » les organes qui, de par la tradition, sont investis d'un rôle de régulation des conflits[93]. Les autorités coutumières concourent à jouer un rôle non moins négligeable dans la sauvegarde des identités autochtones. Les pratiques traditionnelles relatives à l'eau — marres sacrées, usages rituels ou communautaires — continuent de structurer la gestion locale de la ressource. Le Code de l'eau reconnaît explicitement la validité des pratiques coutumières, sous réserve de leur conformité avec la législation nationale. Les chefs coutumiers interviennent souvent dans la régulation des conflits liés à l'accès à l'eau, en zone rurale notamment, et participent à une gouvernance culturelle de la ressource, incarnant le pilier immatériel du développement durable. Conformément à l'article 41 du Code de l'eau « la gestion des ressources en eau est assurée par les collectivités décentralisées et locales à l'intérieur de leur territoire. Celles-ci appliquent le droit et les pratiques coutumières, dans la mesure où ils ne sont pas en contradiction avec les dispositions du présent Code »[94].

---

[93] Voir E. le Roy, Encyclopédie juridique de l'Afrique, tome I, chapitre XV, « *La formation des droits non étatiques* », p. 353.

B – Vers une gouvernance concertée : pour une Commission Nationale de l'Eau élargie et fonctionnelle

212.L'analyse du paysage institutionnel de la gestion de l'eau en Guinée révèle une multiplicité d'acteurs aux compétences variées et aux tutelles administratives souvent disjointes. Cette situation, bien qu'indicative d'un intérêt pluriel pour la ressource, engendre des risques d'éparpillement, de chevauchement de compétences et d'inefficacité structurelle. Il en résulte une nécessité impérieuse : celle d'une instance de coordination interinstitutionnelle, à la fois souple, inclusive et techniquement outillée.

213. À cet effet, la création effective d'une Commission Nationale de l'Eau (CNE) s'impose. Ce mécanisme est d'ailleurs prévu par le Code de l'eau en son article 37, qui en dessine les grandes lignes. Selon ce texte, la CNE devrait regrouper les représentants des services techniques ministériels concernés par les problématiques liées à l'eau, dans une logique de concertation sectorielle. Pourtant, force est de constater que cette instance n'a jamais été opérationnalisée depuis l'adoption du Code en 1994.

214. Toutefois, une lecture critique de cette disposition légale révèle certaines lacunes structurelles. En effet, la composition envisagée de la Commission est restrictive, dans la mesure où elle exclut certains acteurs clés de la gouvernance de l'eau : les collectivités locales, pourtant détentrices de compétences en matière d'eau selon le Code des collectivités, les autorités coutumières, gardiennes de pratiques locales encore vivaces, ainsi que les organisations de la société civile et les ONG spécialisées, dont le rôle dans la sensibilisation, la protection et la gestion communautaire de l'eau est pourtant avéré.

215. Ainsi, la proposition de mise en place d'une Commission Nationale de l'Eau rénovée repose sur l'idée d'une gouvernance participative, intégrant l'ensemble des parties prenantes de manière équitable. Loin de vouloir fusionner ou centraliser les institutions existantes, il s'agit plutôt d'instaurer un organe consultatif et stratégique, chargé de faciliter la concertation intersectorielle, assurer une cohérence dans la planification et l'action publique en matière d'eau et, enfin, renforcer la transparence et l'efficacité de la gouvernance hydrique à l'échelle nationale[95].

216. La Commission jouerait en cela un rôle de médiation institutionnelle, garantissant une meilleure articulation des compétences entre les ministères, les établissements publics autonomes, les collectivités territoriales et les autres entités concernées. Elle pourrait également produire des avis techniques ou stratégiques, tout en servant de cadre de dialogue permanent entre l'État, les communautés locales et les partenaires au développement.

---

[95] Politique nationale de l'eau de la République de Guinée adopté par le Conseil des Ministres en sa session du 5 Avril 2018, p.18

DEUXIÈME PARTIE

LA LÉGÈRE EFFECTIVITÉ DU DROIT À L'EAU

217.Il convient, en premier lieu, de clarifier le sens du terme « effectivité ». Dans son acception première, est effectif ce qui se traduit par des actes réels et tangibles, autrement dit, ce qui existe concrètement, ce qui relève de la réalité. Appliqué au domaine juridique, dire qu'une norme est effective, c'est affirmer qu'elle est appliquée dans les faits, qu'elle dépasse le simple cadre normatif pour s'inscrire dans les pratiques sociales. C'est cette acception que retient, en première analyse, Jean Carbonnier, dans son article précurseur publié en 1958, où il décrit l'effectivité comme « l'application effective » de la règle de droit. L'effectivité est alors entendue comme le degré de réalisation, dans les pratiques sociales, des règles énoncées par le droit »[96] .

218. Dans le même sens, le dictionnaire, Vocabulaire juridique, dirigé par le professeur CORNU, définit l'effectivité comme le « caractère d'une règle de droit qui produit l'effet voulu, qui est appliquée réellement »[97]. La norme est dite appliquée — et donc, selon ce raisonnement –, soit lorsque ses destinataires la respectent, c'est-à-dire quand ils accomplissent l'obligation à laquelle la règle les

[96] Leory YANN, « *La notion d'effectivité du droit* », Revue Cairn Inad, n° 79/P. 715.

[97] Victoria CHIU, » La protection de l'eau en droit public. Étude comparée des droits espagnol, français et italien », *Op. Cit p.* 300.

soumet, soit quand les autorités chargées de sa mise en œuvre, juges inclus, l'exécutent. Autrement dit, lorsqu'ils contrôlent et sanctionnent ses violations. Toutefois, il ne s'agit pas de la primauté du fait sur le droit, mais de la traduction du droit en fait. À côté du droit sur le papier ou droit formel, on s'intéresse sur le droit qui s'applique ou droit réel[98].

219. Dans cette perspective, l'effectivité du droit à l'eau renvoie à l'analyse de la corrélation entre les normes qui proclament ce droit, d'une part, et le niveau réel de leur mise en œuvre, d'autre part. Autrement dit, il s'agit de mesurer l'écart — ou la proximité — entre la reconnaissance juridique du droit à l'eau et sa concrétisation dans la pratique. Une telle démarche implique une double approche. La première, axée sur l'étude du cadre procédural de mise en œuvre du droit à l'eau **(Chapitre I)**, et la seconde, sur l'analyse des contraintes factuelles qui freinent ou limitent cette mise en œuvre **(Chapitre II)**.

---

[98] Michel PRIEUR, Christophe BASTIN, Mesurer « *L'effectivité du droit de l'environnement : des indicateurs juridiques au service du développement durable* », Centre Edgard Morin/EHESS-CNRS, p.24.

CHAPITRE I
LE CARACTÈRE VARIABLE DES PROCÉDURES DE MISE EN ŒUVRE

220.Le législateur a instauré un ensemble de procédures encadrant l'utilisation de l'eau, dont la mise en œuvre, le contrôle et le suivi sont assurés par l'administration hydrique, dans le but de remplir une mission d'intérêt général. Ces procédures sont conditionnées au respect de formalités administratives, qui peuvent être à la fois souples et rigides **(Section I)**. Par ailleurs, d'autres procédures juridictionnelles existent, permettant de garantir la justiciabilité du droit à l'eau **(Section II)**.

Section I : Un accès à l'eau conditionné au respect des formalités administratives souples et rigides

221. Le législateur distingue des procédures souples, simplifiées pour faciliter l'accès au droit à l'eau sans lourdeur administrative excessive, et des procédures plus rigides, exigeantes dans leurs formalités. Dans les deux cas, l'accès à l'eau suppose l'obtention d'un titre d'eau **(Paragraphe I)**, lequel est soumis à un régime juridique spécifique, notamment après son attribution **(Paragraphe II)**.

Paragraphe I : Un accès à l'eau conditionné à l'obtention d'un titre d'eau

222.Les eaux continentales guinéennes sont juridiquement encadrées. En droit guinéen, plusieurs actes administratifs confèrent aux particuliers le droit d'exploiter la ressource en eau, dès lors que cette exploitation est destinée à des fins commerciales, industrielles ou autres. Ces actes sont principalement l'autorisation préalable **(A)** et, ensuite, du permis d'exploitation et de la concession **(B)**.

A – L'obtention de la demande d'autorisation préalable

223. Le régime d'autorisation préalable est la démarche que requiert un prestataire ou un destinataire auprès d'une autorité compétente en vue d'obtenir un acte formel ou une décision implicite relative à une activité de service ou à son exercice[99].

224. En Guinée, cette compétence revient principalement au ministère de l'Hydraulique, et des Hydrocarbures. Pour ce qui est de l'accès à l'eau, les prestataires sont tenus d'adresser une demande à l'administration de l'eau, organe compétent en la matière. En droit guinéen, cette compétence est principalement dévolue au ministère de l'Hydraulique et des hydrocarbures. C'est ce que dispose l'esprit de l'article 8 de la loi n° L/94/ 005/CTRN du 15 février 1994 portant Code de l'eau en République de Guinée, en vertu duquel « toute personne physique ou morale de droit public ou privé désirant utiliser des ressources en eau ou modifier une utilisation déjà permise ou concédée, en fait la demande auprès du Ministre chargé de l'hydraulique »[100].

---

[99] www.dictionnaire-environnement.com, consulté le 12 octobre 2022.

[100] Loi n°L/94/ 005/CTRN du 15 février 1994 portant Code de l'eau en République de Guinée, art.8.

225. Concernant l'autorisation préalable, l'article 9 du Code de l'eau dispose que « les utilisations à caractère saisonnier ou celles qui sont quantitativement et qualitativement de peu d'importance selon l'appréciation de l'Autorité compétente pour la ressource nécessitent une simple autorisation délivrée par le Ministre chargé de l'hydraulique ou son mandataire »[101]

226. Conformément à l'article 9, cette autorisation vise uniquement les usages saisonniers ou ceux considérés comme faiblement consommateurs ou faiblement polluants. Toutefois, la loi ne précise ni seuils, ni volumes, ni critères techniques permettant de qualifier ces usages. L'administration dispose ainsi d'une large marge d'appréciation, ce qui rend le régime peu prévisible pour les usagers et difficile à contrôler.

227. Cette imprécision pourrait ouvrir la voie à des décisions inégales et à des pratiques abusives, notamment lorsque les organes de contrôle manquent de transparence ou de rigueur. Elle pourrait également favoriser des formes de spéculation hydrique [102] si des autorisations sont délivrées à tort.

228. En pratique, l'autorisation préalable demeure une formalité administrative légère, facile à obtenir et adaptée aux petits usages. Mais, en l'absence de critères clairs et de mécanismes de contrôle solides, ce régime risque d'être détourné de son objectif initial : encadrer les usages limités tout en protégeant la ressource. Une clarification des seuils

---

[101] *Ibid.*, art. 9.

[102] La spéculation hydrique désigne toute pratique consistant à s'approprier, détourner, accumuler ou exploiter l'eau dans un but lucratif, en dehors du cadre juridique ou en abusant des mécanismes d'autorisation, au détriment de l'intérêt général et de la gestion durable de la ressource.

et un renforcement du contrôle administratif sont nécessaires pour en garantir l'efficacité.

B – L'obtention d'un permis d'exploitation et d'une concession d'eau

229.Toute exploitation de l'eau dépassant un usage strictement domestique est subordonnée à l'obtention d'un acte administratif délivré par l'autorité compétente. Le permis d'exploitation et la concession sont des titres conférant à leurs titulaires le droit d'exploiter la ressource dans des conditions définies par la loi. Ces titres permettent au titulaire de mener des activités d'exploitation de l'eau.

230. Le législateur distingue les conditions d'attribution du permis de celles de la concession, en tenant compte de critères plus ou moins rigoureux. L'article 10 du Code de l'eau dispose que « pour les utilisations de la ressource à caractère permanent, quantitativement et qualitativement importantes ou nécessitant des travaux ou aménagements dont la période d'amortissement n'excède pas 10 ans, le Ministre chargé de l'hydraulique délivre un permis par arrêté[103] ».

231. Cette disposition implique que le permis est exigé lorsque l'usage de l'eau est permanent, d'importance notable en quantité ou qualité, ou nécessite des aménagements dont la durée d'amortissement ne dépasse pas dix ans. Le ministre chargé de l'hydraulique est compétent pour délivrer ce titre par arrêté ministériel. En revanche, pour les utilisations permanentes requérant des investissements amortissables sur une période supérieure à dix ans, l'article 11 prévoit qu'« une concession est

[103] Loi n°L/94/005/CTRN, du 15 février 1994 portant Code de l'eau en République de Guinée, art 10.

accordée par décret ». Les activités concernées comprennent notamment l'approvisionnement des agglomérations en eau potable, les aménagements hydroélectriques, agricoles, industriels, etc.

232. Ainsi, plus l'activité envisagée impacte durablement la ressource en eau, plus les conditions d'octroi deviennent rigoureuses. La distinction entre permis et concession est donc une différence de degré et non de nature. Le législateur prend soin de rappeler que l'octroi de ces titres n'épuise en rien le pouvoir de contrôle de l'administration. Le permis comme la concession restent soumis aux contrôles techniques, environnementaux et administratifs, permettant d'assurer le respect des obligations hydrauliques, sanitaires et écologiques qui s'attachent à chaque titre.

233. Ce dispositif présente plusieurs atouts majeurs pour la gestion de l'eau en Guinée. Sur le plan technique, il permet d'adapter le niveau de contrôle à l'importance des projets : les usages modérés relèvent d'un permis simplifié, tandis que les aménagements lourds et durables sont soumis à concession, garantissant une meilleure maîtrise des impacts sur la ressource et les écosystèmes. Sur le plan économique, la distinction offre une sécurité juridique claire aux investisseurs, favorise l'amortissement des projets de grande envergure et réduit les coûts administratifs pour les activités moins impactantes. Enfin, sur le plan social, elle contribue à améliorer durablement l'accès à l'eau potable, protège les populations contre les risques liés aux ouvrages hydrauliques et soutient le développement local grâce aux retombées des projets structurants.

Paragraphe II : Le contrôle des titres d'eau postérieurement à leurs attributions.

234. Les titres d'eau sont encadrés par un régime juridique permettant à l'autorité compétente de vérifier le respect des engagements du titulaire pendant et après l'exercice de ses droits. Après leur octroi, les titres peuvent faire l'objet de modifications, renouvellements ou transferts **(A)**, ainsi que de mesures de suspension ou révocation **(B)**.

A – La modification, le renouvellement et le transfert d'un titre d'eau

235.Un titre d'eau peut être modifié, dans les conditions prévues par la loi. La modification peut porter sur l'objet initial du titre, le transformant ou le changeant. L'article 14 du Code de l'eau précise que « le Ministre chargé de l'hydraulique est habilité en tout temps à modifier un droit d'eau pour cause d'utilité publique ou de changement de l'objet de l'octroi de ce droit. » [104] Cette prérogative implique que la modification ne doit pas être arbitraire ni disproportionnée, afin d'éviter un préjudice injustifié au titulaire. En cas de préjudice, l'administration est tenue d'assurer une indemnisation ou une solution alternative, conformément au même article.

236. Par exemple, si la société *Urastof*, spécialisée dans la transformation du riz, obtient un permis d'eau pour 10 ans, et que trois ans plus tard le ministre réduit cette durée à 6 ans pour permettre un projet d'utilité publique (énergétique). Cette décision est légale. Elle repose sur le pouvoir du ministre de modifier un titre pour cause d'intérêt général, sous réserve d'indemnisation ou d'une solution alternative pour la société.

---

[104] Loi n°L/94/ 005/CTRN du 15 février 1994 portant Code de l'eau en République de Guinée, art14

237. Le titulaire peut également solliciter la modification de son titre. La décision d'acceptation ou de refus relève du pouvoir discrétionnaire du ministère, ce dernier devant toutefois motiver tout refus. Le renouvellement d'un titre d'eau n'est pas automatique, il suppose une nouvelle demande auprès du ministre, avec des délais distincts selon le type de titre : trois mois pour un permis, six mois pour une concession. Le renouvellement est subordonné au respect par le titulaire de ses obligations initiales, et un refus motivé peut être opposé, sans droit à indemnisation.

238. Le titre d'eau peut faire l'objet d'un louage. » Il s'agit d'une opération juridique en vertu duquel « l'une des parties s'oblige à faire jouir l'autre pendant un certain temps et moyennant un certain prix que celle-ci s'oblige de lui payer ». C'est ce que dispose l'article 17 du Code l'eau, lequel dispose que « Les droits d'eau peuvent être loués ou assignés temporairement, auquel cas le titulaire doit enregistrer le nom de l'attributaire auprès du Ministre chargé de l'hydraulique[105] ». Le louage doit être enregistré auprès du ministre, ce qui vise à éviter les cessions spéculatives ou frauduleuses.

B – La suspension, la révocation d'un titre d'eau

239.La suspension est une mesure provisoire à caractère conservatoire, tandis que la révocation consiste en l'annulation définitive d'un titre d'eau. Ces mesures sont des sanctions administratives destinées à faire cesser les droits du titulaire temporairement ou définitivement[106]. L'article 18 du Code de l'eau précise les conditions de révocation, en distinguant les cas donnant lieu à

[105] Loi n°L/94/ 005/CTRN du 15 février 1994 portant Code de l'eau en République de Guinée, art 17

[106] Loi L/2019/027/AN/ portant Statut général des agents de l'Etat

indemnisation et ceux qui n'en donnent pas. La révocation avec indemnisation est possible lorsque :

1. L'intérêt public l'exige,
2. L'utilisation ne satisfait plus aux conditions d'octroi,
3. Le droit doit être réaffecté pour assurer une gestion rationnelle de la ressource[107]

En revanche, la révocation sans indemnisation intervient lorsque le titulaire :

1. Fait un mauvais usage, gaspille ou pollue les eaux,
2. Ne se conforme pas aux demandes de rétablissement des conditions d'utilisation,
3. Omet de fournir les données exigées,
4. Ne respecte pas son cahier des charges[108].

240. L'effectivité de ces mesures dépend du degré de compétence et de vigilance des organes de contrôle, qui doivent veiller rigoureusement au respect des obligations par les titulaires. Il convient de rappeler que tout octroi de titre d'eau est précédé d'une étude d'impact environnemental et social, qui évalue les risques des activités envisagées afin d'éviter des dégradations irréversibles[109].

241. Selon l'article 28 du Code de l'environnement, « tout projet susceptible de porter atteinte à l'environnement fait l'objet d'une étude d'impact préalable »[110]. Cette étude, réalisée conjointement par le ministère chargé de l'hydraulique et le ministère de l'environnement, est coordonnée par l'Agence Guinéenne d'Évaluation Environnementale (AGEE). Celle-ci joue un

---

[107] Loi n°L/94/005/CTRN portant code de l'eau en république de Guinée, art. 18.

[108] Ibid.

[109] Maurice KAMTO, « *Le droit de l'environnement en Afrique* », *Op cit.*, p 95.

[110] Loi L/2019/0034/AN du 04 juillet 2019, portant code de l'environnement en république de Guinée art 21

rôle clé dans l'analyse, l'approbation et le suivi des études d'impact environnemental et social[111].

242. Enfin, si l'étude d'impact environnemental préalable constitue une exigence fondamentale, aucun mécanisme légal n'impose une réévaluation périodique ou un reporting environnemental régulier. Le suivi des impacts repose presque exclusivement sur l'AGEE, dont les moyens restent limités. Cette carence institutionnelle réduit l'efficacité du régime de suspension ou de révocation, faute de données actualisées permettant d'apprécier la conformité permanente du titulaire.

Section II : Une complexité avérée des procédures juridictionnelles assurant l'effectivité du droit à l'eau

243.Pour qu'un droit soit réellement effectif, il est indispensable que des organes juridictionnels compétents puissent sanctionner sa violation. Ainsi, le droit à l'eau, en tant que droit justiciable, trouve sa mise en œuvre à travers l'intervention de divers acteurs judiciaires. Selon le type de préjudice ou d'infraction, la violation de ce droit peut être sanctionnée différemment par les juridictions nationales **(Paragraphe I)** et par les juridictions supranationales **(Paragraphe II).**

Paragraphe I : Une intervention variée des juridictions nationales compétentes

244. Le contentieux de la ressource hydrique peut être soumis différemment à la compétence du juge civil et du

[111] Guide général de réalisation des études d'impact environnemental et social de la République de Guinée, p. 19.

juge du droit pénal **(A),** mais aussi à celle du juge administratif et du juge constitutionnel **(B).**

A – Intervention du juge civil et du juge pénal dans la protection du droit à l'eau

245.Le contentieux lié à la ressource en eau relève de compétences distinctes, notamment celles des juges civil, pénal, administratif et constitutionnel.

246. **L'intervention du juge civil dans l'établissement dans la protection du droit à l'eau**. Les atteintes graves à la ressource en eau, et par conséquent au droit à l'eau, peuvent justifier l'intervention du juge civil chargé de sanctionner ces violations. Selon le principe de la responsabilité civile, toute personne causant un dommage à autrui est tenue de le réparer. Cette responsabilité est consacrée par l'article 1122 de la loi L/2019/035/AN du 4 juillet 2019, portant Code civil de la République de Guinée, qui stipule que « tout fait quelconque de l'homme, qui cause dommage à autrui, oblige celui par la faute duquel il est arrivé à le réparer ».

247.Le législateur guinéen a étendu ce régime en intégrant la notion de préjudice écologique. L'article 1173 du même Code civil précise que « toute personne responsable d'un préjudice écologique est tenue de le réparer [112] ». Cette distinction reconnaît le préjudice écologique comme un nouveau type de préjudice, autonome et indépendant des préjudices patrimoniaux ou extrapatrimoniaux traditionnels.

[112] La loi L/2019/035/AN du 04 Juillet 2019, portant Code civil de la République de Guinée, art.1122.

248. L'environnement est un système complexe d'éléments naturels interconnectés, dont la ressource en eau constitue un pilier fondamental. La contamination de cette ressource engendre un préjudice écologique, ouvrant la voie à une action réparatrice devant le juge civil, qui reconnait ainsi l'environnement comme un sujet de droit. L'article 1174 précise que le préjudice écologique réparable est celui portant une atteinte non négligeable aux écosystèmes ou aux bénéfices que l'homme tire de l'environnement.

249. Cependant, le Code civil demeure vague quant aux modalités précises de cette réparation, se limitant souvent à la condamnation à des dommages-intérêts. Il confère également la qualité à agir à certains acteurs institutionnels et associatifs, tels que l'État, les collectivités territoriales, les établissements publics et les associations agréées pour la protection de la nature.

250. **L'intervention du juge pénal dans la protection du droit à l'eau.** Le juge pénal, en sa qualité de garant des droits et libertés fondamentaux, intervient pour sanctionner les infractions portant atteinte aux ressources en eau. L'action publique peut ainsi être engagée contre les auteurs d'atteintes graves à cette ressource. Le Code de l'environnement permet que des poursuites soient engagées contre les personnes responsables d'un préjudice écologique en autorisant non seulement le ministère public à poursuivre d'office, mais aussi les agents assermentés, les associations agréées, les collectivités locales et toute personne morale ayant un intérêt légitime.

251. Toutefois, ces procédures respectent les règles de droit commun, notamment en matière d'instruction et de collecte des preuves. Les peines encourues varient en fonction de la gravité de l'infraction, incluant

emprisonnement et amendes pour des actes tels que le non-respect des périmètres de protection des captages d'eau, les rejets polluants dans les eaux continentales, ou la dégradation du milieu marin et côtier.

252. L'article 177 et suivant du Code de l'environnement dispose « qu'est puni d'un emprisonnement de 2 à 5 ans et d'une amende de 500 000 000 à 1 000 000 000, quiconque n'aura pas respecté les périmètres de protection de captages d'eau et d'un emprisonnement de 3 mois à 5 ans, et d'une amende de 20 000 000 000 GNF à 50 000 000 000 GNF, quiconque aura procédé au déversement, à l'immersion, à l'introduction directe ou indirecte dans les eaux continentales ou à l'incinération sur les berges des matières de nature à : « porter atteinte à la santé publique et aux ressources biologiques ; entraver l'écoulement des têtes de sources, les activités fluviales y compris la navigation et la pêche. Altérer la qualité de l'eau du fleuve, du point de vue de leur utilisation. Dégrader les valeurs d'agrément et le potentiel touristique du fleuve. »[113]

253. La protection du milieu marin et côtier reste l'un des aspects essentiels protégé par le législateur. Il s'agit de la protection de l'ensemble des services écosystémiques indispensables à la protection de la ressource hydrique. L'article 187 du même Code dispose qu'est puni d'une amende de 50 000 000 GNF à 100 000 000 GNF, tout propriétaire ou exploitant d'une installation qui n'aura pas dans le délai imparti, satisfait aux obligations édictées en matière de préservation du milieu marin et côtier conformément aux dispositions des textes règlementaires ». L'article 188 dispose, à son tour, que « est puni d'une amende de 500 000 à 2 000 000 GNF, quiconque aura pratiqué un rejet domestique en violation des obligations

[113] *Ibid.*, art.177.

édictées en matière de préservation du milieu marin et côtier conformément aux dispositions des textes règlementaires pris pour l'application du présent Code »[114].

254. Au-delà de l'intervention de ces deux juges suscités, dont les fonctions sont incontournables dans la protection des droits et libertés fondamentaux, notons que le juge administratif et le juge constitutionnel jouent un rôle non moins important dans la protection juridictionnelle du droit à l'eau.

B – Intervention du juge constitutionnel et du juge administratif dans la protection du droit à l'eau

255. Le juge constitutionnel et le juge administratif ont une fonction majeure dans la protection des droits et libertés fondamentaux. Nous étudierons, successivement, leurs compétences respectives dans la présente sous-partie.

256. **Une intervention encourageante du juge constitutionnel dans la protection du droit à l'eau.** L'intervention du juge constitutionnel est envisagée en Guinée, car la Cour constitutionnelle, en vertu des dispositions de l'article 140 de la constitution de 2025 est investie de la mission de veiller au respect des droits et libertés fondamentaux[115]. Le juge constitutionnel guinéen s'est souvent illustré dans la protection des droits par le biais des prérogatives constitutionnelles qui lui ont été dévolues.

---

[114] Loi L/2019/0034/AN du 04 juillet 2019, portant Code de l'environnement de la république de Guinée, art.188 et suivant.

[115] Kalil Aissata KEITA, « *La protection juridictionnelle des administrés contre l'administration en Guinée* », L'Harmattan Guinée, 2022, p. 108.

257. Il y a plusieurs hypothèses dans lesquelles le juge constitutionnel va protéger les droits et libertés fondamentaux. C'est par le biais d'une de ses hypothèses qu'il a protégé le droit à l'eau, par le truchement de la protection du droit à un environnement sain. Cette intervention du juge constitutionnel, nous parait salutaire.

258. Dans le cadre du contrôle *a priori*, qui intervient avant la promulgation de la loi, la cour constitutionnelle peut être saisie pour contrôler sa conformité à la constitution. Il est vrai que l'efficacité de ce type de contrôle est réduite par une énumération exhaustive des autorités compétentes à saisir la cour[116].

259. En effet, dans la Constitution de 2020, le contrôle de constitutionnalité *a priori* n'était pas ouvert aux citoyens quand bien même ils sont au cœur de l'action, car ils sont les destinataires directs de la future loi. La cour ne peut non plus se saisir d'office. Son intervention restait sollicitée exclusivement par le Président de la République (Promoteur de la future loi de promulgation), le président de l'Assemblée nationale et un dixième des députés[117]. Cependant, avec la Constitution du 25 septembre 2025, toute association agréée peut saisir directement par voie d'action, la Cour constitutionnelle de l'inconstitutionnalité d'une loi. Le Premier ministre, le Président de la Commission nationale de l'éducation civique des droits de l'homme et le Président de la Commission nationale pour le développement à la suite d'une délibération favorable de la séance plénière de leurs institutions respectives peuvent directement saisir la Cour constitutionnelle aux fins du contrôle de la conformité à la Constitution d'une promulguée et appliquée.

---

[116] *Ibid.*, p.110.
[117] *Ibid.*, 113.

260. Cette technique, comme susdit, a permis au juge constitutionnel guinéen de protéger le droit à l'eau par le truchement de la protection du *droit à un environnement* sain dans l'affaire demande de contrôle de conformité à la constitution de l'accord de prêt du 9 juin 2015 à travers *l'arrêt N° 005 du 25 août 2015.*

261. Le juge constitutionnel a confirmé, dans cet arrêt, que la prise en compte de « toutes les mesures nécessaires et appropriées pour empêcher les effets néfastes éventuels du projet sur l'environnement » est un engagement qui coïncide avec un droit fondamental particulièrement nécessaire à notre temps à savoir le droit à un environnement sain et durable prévu à l'article 16 de la constitution du 7 mai 2010. À nos yeux, cette approche du juge constitutionnel ne peut pas inaperçue sans pourtant être qualifiée de salutaire.

262. Il y a lieu de préciser que le contrôle de constitutionnalité des lois *a posteriori*, tout comme le contrôle *a priori*, se donne pour objectif d'assurer la stabilité juridique en protégeant la cohérence et le respect de la hiérarchie des normes. Il s'agit d'u moyen de contrôle de constitutionnalité des lois déjà en vigueur. Il a toujours été prévu par le constituant guinéen. C'est donc la possibilité reconnue à tout justiciable de soutenir devant toute juridiction saisie pour un litige, qu'une disposition législative méconnait les droits et libertés que la loi lui garantit, et le cas échéant de demander au juge saisi de surseoir à statuer et de renvoyer l'exception d'inconstitutionnalité devant le juge constitutionnel**[118]**. Il se concrétise par voie d'exception et vise à obtenir la non-application d'une loi déjà entrée en vigueur. Cette

[118] Aucun délai n'est imparti à la juridiction pour saisir la cour constitutionnelle d'une question d'exception d'inconstitutionnalité.

possibilité est donnée au justiciable, et ce quel que soit la nature du litige ou la juridiction saisie (civile, administrative et pénale)[119].

263. La possibilité s'offre aux justiciables de déclarer inconstitutionnelle une décision de justice qui violerait leurs droits à l'eau. Ainsi, le *contrôle à postériori* permet aux justiciables de sanctionner l'inconstitutionnalité d'une loi, et conséquemment d'assurer le respect le principe de non-régression consacré par le code de l'environnement guinéen[120].

264. **Intervention du juge administratif dans la protection du droit à l'eau.** L'autorité en charge des questions liées à l'eau est investie du pouvoir d'édicter certains actes administratifs en vue de réglementer le secteur dont la compétence, en termes d'organisation, de réglementation et de fonctionnement, lui est dévolue par la loi. C'est ce que dispose le Code de l'eau en son article 29, qui précise que « pour la construction, l'exploitation et l'entretien des ouvrages et installations hydrauliques, les divers services concernés de l'administration en accord avec le Ministère chargé de l'hydraulique édictent toutes mesures règlementaires relevant de leur compétence et couvrant notamment : Les normes de construction, d'exploitation et d'entretien des ouvrages et installations hydrauliques ainsi que les procédures d'inspection et de sécurité ; la réalisation et l'exploitation d'ouvrages

[119] *Ibid.*, art.29.
[120] Principe selon lequel un État ne peut autoriser des activités ou adopter une nouvelle réglementation relative à l'environnement ayant pour effet de diminuer le niveau de protection garanti par le droit en vigueur

communs ; les dommages causés au tiers par les ouvrages et installations hydrauliques…[121] »

265. Cependant, lorsque ces mesures sont de nature excessive, voire illégales, les particuliers peuvent saisir le juge administratif aux fins de leurs sanctions. Ce dernier a pour vocation de protéger les droits et libertés fondamentaux des administrés et de défendre l'intérêt général. Il tranche les conflits entre les usagers et l'administration et détient un pouvoir de contrôle de la légalité des décisions de l'administration[122]. Cette saisine du juge administratif peut s'exercer par le biais de diverses voies, variant du recours pour excès de pouvoir au contentieux de pleine juridiction. Dans le dernier cas, il s'agit pour les particuliers d'engager la responsabilité de l'administration en raison des faits et actes qui ont significativement porté atteinte à leurs droits à l'eau.

266. En matière environnementale, les requérants peuvent saisir le juge administratif de demandes diverses lui permettant de mettre en œuvre la diversité des pouvoirs dont il dispose : annuler, suspendre, réformer, enjoindre, condamner à une amende, indemniser[123]. Conformément à l'article 2 de la loi portant l/2017/N° 003/AN portant organisation et fonctionnement de la Cour suprême, la compétence de juger en premier et en dernier ressort de la légalité des textes réglementaires et des actes des autorités exécutives, ainsi les décisions de forme législative à caractère réglementaire est dévolue à la Cour Suprême[124].

---

[121] Loi L/94/ 005/CTRN du 15 février 1994 PORTANT Code de l'eau en République de Guinée, art.29.

[122] https://www.vie-publique.fr site consulté le 13 décembre 2022.

[123]Olivier LE BOT, « *Un procès administratif adapté à la protection de l'environnement ?* », Revue Annales de l'Université de Parakou, Série Droit et Science Politique, Vol.4, n°2, 2021, p. 27.

[124] Loi portant l/2017/N°003/AN portant organisation et fonctionnement de la cour suprême, art.2.

À cette fin, les personnes peuvent saisir le juge administratif par le biais d'un recours pour excès de pouvoir afin de sanctionner les actes illégaux préjudiciables à leurs droits à l'eau. Aussi la responsabilité de l'administration peut être engagée dès lors que par ses agissements ou omissions, elle pose des actes de nature à polluer la ressource en eau.

267. En résumé, la mise en œuvre effective du droit à l'eau en Guinée repose sur une articulation complexe entre plusieurs juridictions nationales, chacune jouant un rôle spécifique et complémentaire, garantissant ainsi une protection complète et cohérente de ce droit fondamental.

Paragraphe II : Possible extension du contentieux de l'eau aux juridictions supranationales

268. La justiciabilité du droit à l'eau ne se limite pas à la sphère interne d'un État. Bien au contraire, par l'entremise des justiciables, ce contentieux peut être soumis à la compétence de juridictions supranationales. Cette possibilité se réalise notamment par le biais des juridictions communautaires auxquelles la Guinée est partie **(A)**, mais aussi par celui des juridictions internationales **(B)**.

A – Contentieux du droit à l'eau devant les juridictions communautaires ou régionales

269. Les justiciables disposent de la latitude pour saisir des juridictions supranationales, notamment communautaires ou régionales. Parmi celles-ci figurent la Cour de Justice de la CEDEAO et la Cour Africaine des Droits de l'Homme et des Peuples.

270. **Intervention de la Cour de Justice de la CEDEAO.** La Cour de justice de la Communauté a été créée conformément aux dispositions des articles 6 et 15 du Traité révisé de la CEDEAO de 1993 en tant que principal

organe judiciaire de la Communauté. Le paragraphe 2 de l'article 15 indique que le statut, la composition, les pouvoirs, la procédure et les autres questions concernant la Cour sont définis dans un protocole y relatif.

271. Par la suite, le Protocole relatif à la Cour de Justice (A/P1/7/91) a été promulgué en 1991 pour réglementer le fonctionnement de la Cour en tant qu'organe judiciaire de la Communauté économique des États de l'Afrique de l'Ouest (CEDEAO) et chargé de la résolution des litiges liés à l'interprétation du Traité, des Protocoles et Conventions de la Communauté. Son article 2 faisait de la Cour le principal organe judiciaire de la Communauté. Ce protocole de 1991 a été modifié par des protocoles additionnels (A. SP.1/01/05) de 2005 et (A/SP.1/06/06) de 2006. Les protocoles, complétés par le Règlement de la Cour, fournissent les règles de base pour le fonctionnement de la Cour[125].

272.Le juge communautaire de la CJ-CEDEAO concourt efficacement à assurer le respect des droits et libertés fondamentaux au sein des États qui relèvent de sa juridiction. Son apport en la matière est loin d'être banalisable, en ce sens qu'il a rendu, depuis sa création, des décisions non moins importantes en la matière. L'existence de cette cour nous semble opportune pour les justiciables, car elle les offres des marges de manœuvre les permettant de traduire leurs États en justice, avec des exceptions procédurales plus ou moins assouplies. Des dizaines de décisions portant sur les droits humains ont été rendus par la Cour. On peut, pour illustration, évoquer quelques-unes ayant impliquées la République de Guinée. C'est le cas de l'affaire Barry Abdoulaye Sadio & 3 Autres C/République

[125] http://www.courtecowas.org/fr/la-cour/, site consulté le 13 septembre 2022

de Guinée N° ECW/CCJ/JUD/07/2019, dans lequel le juge communautaire a statué sur les différentes prétentions des requérants pour des faits de violations de droits humains commis à leurs égards.

273. Cependant, la demande de saisine du juge en question est conditionnée au respect de certaines exigences procédurales, sous peine de rejet la demande. C'est à comprendre que les particuliers ne peuvent saisir la CJ-CEDEAO pour sanctionner la violation de leurs droits à l'eau s'ils ne remplissent pas quelques conditions. Ces conditions, nombreuses qu'elles soient et variables en fonction de la jurisprudence de la Cour, sont souvent liées à la nature de la partie de défenderesse.

274. Contribuant au renforcement des règles de droit processuel en matière contentieuse des droits humains, le juge de la CEDEAO systématise les conditions d'admission de sa compétence. Cette action est réalisée par ce juge afin d'amoindrir les rejets des requêtes. Pour diminuer le taux de rejet des demandes pour incompétence dans le cadre du contentieux des droits humains, la CJ-CEDEAO fait la précision de la nature de la partie attaquable. Autrement dit, la juridiction de la CEDEAO fait une détermination de ce que pourrait être la partie défenderesse en la matière. Le non-respect de cette règle de droit processuel conduit inévitablement au rejet de la requête pour incompétence de la juridiction supranationale.[126]

275. Cette cour est opportune pour les justiciables de la communauté, car elle les allège des rigueurs procédurales

---

[126] Mouhamadou DIALLO, « *La contribution du juge communautaire à la construction du droit des organisations d'intégration en Afrique* », Soutenue publiquement le 06 février 2019 à l'Université Cheick Anta Diop de Dakar, p.68.

susceptibles de compromettre leurs droits à la défense. C'est le cas, par exemple, du principe du non-épuisement des voies de recours. La cour a eu à rappeler dans nombreuses de ces décisions que l'épuisement des voies de recours n'est pas une obligation pour la saisir.

276. Ce qu'il faut saluer est qu'elle a déjà connu des affaires en matière de droits humains ayant trait aux ressources naturelles. Dans l'affaire N° ECW/CCJA/APP/01/08, la requérante, personne morale, a saisi la Cour au motif qu'elle aurait subi des préjudices du fait du manquement du premier défendeur à ses obligations relevant du Traité Révisé de la CEDEAO. La requérante soutint que les défendeurs avaient pour devoir de sauvegarder ses droits à l'exploitation des ressources naturelles comme le pétrole du Nigéria dans un cadre libre et transparent. Ainsi, les personnes dont leur droit à l'eau se trouverait violé peuvent intenter une action en justice contre l'État devant cette juridiction communautaire, dont la Guinée est membre. Outre, là en dehors de la CJ-CEDEAO, il est possible pour les justiciables de saisir la Cour Africaine des Droits de l'Homme et des Peuples.

277. **Intervention de la Cour Africaine des Droits de l'Homme et des Peuples.** La Cour Africaine des Droits et des Peuples est une cour continentale établie par les pays africains pour assurer la protection des droits de l'homme et des peuples en Afrique. Il complète et renforce les fonctions de la Commission Africaine des droits de l'homme et des peuples. La Cour a été créée en vertu de l'article 1 du Protocole de la Charte africaine des droits de l'homme et des peuples portant création d'une Cour africaine des droits de l'homme et des peuples, qui a été adopté par les États membres de l'Organisation de l'Unité

Africaine (OUA) à Ouagadougou, au Burkina Faso, en juin 1998. Ce protocole est entré en vigueur le vingt-cinq janvier 2004. Elle a deux compétences :

278. **La compétence contentieuse de la Cour.** Cette dernière s'applique à toutes les affaires et à tous les différends qui lui sont soumis en ce qui concerne l'interprétation et l'application de la Charte africaine des droits de l'homme et des peuples, du Protocole et de tout instrument pertinent relatif aux droits de l'homme ratifiés par les États concernés[127].

279. **La compétence consultative de la Cour.** La Cour peut, à la demande d'un État membre de l'Union africaine (UA), de l'un de ses organes ou de toute organisation africaine reconnue par l'UA, donner un avis sur toute autre question juridique relative à la charte ou à tout autre instrument pertinent relatif aux droits de l'homme, à condition que l'objet de l'avis ne soit pas lié à une question examinée par la Commission.

280. À l'image de tout droit fondamental, les justiciables peuvent, s'ils le désirent, saisir la Cour africaine des droits de l'homme et des peuples dans le but d'exposer leurs prétentions devant le juge. Le droit à l'eau en étant un, sa violation ou toute atteinte faite par une personne donne la possibilité à tout justiciable de saisir la Cour sur cette question. Au-delà de ces juridictions suscitées, il faut signaler que le contentieux lié à la violation du droit à l'eau est susceptible de s'internationaliser, par le biais d'un tribunal arbitral ou de la Cour internationale de justice (CIJ).

---

[127] https://www.african-court.org/ site consulté le 28 février 2023

B – Contentieux du droit à l'eau devant les juridictions internationales

281. Les juridictions internationales possèdent une compétence universelle et peuvent connaître des différends relatifs au droit à l'eau. Bien que nombreuses, nous nous limiterons ici aux juridictions arbitrales internationales et à la Cour Internationale de Justice (CIJ), qui illustrent bien ce type contentieux.

282. **Contentieux du droit à l'eau devant un tribunal arbitral international.** L'arbitrage est une procédure dans le cadre de laquelle le litige est soumis, par convention entre les parties, à un ou plusieurs arbitres qui rendent une décision contraignante. En décidant de recourir à l'arbitrage, les parties optent pour une procédure de règlement des litiges privées en lieu et place d'une procédure judiciaire.

283. Elle est consensuelle et ne peut avoir lieu que si les deux parties y ont consenti. S'agissant de litiges futurs découlant d'un contrat, les parties insèrent une clause d'arbitrage dans le contrat. Un litige existant peut faire l'objet d'un arbitrage au moyen d'une *convention ad hoc* conclue entre les parties. À la différence de la médiation, une partie ne peut se retirer unilatéralement de la procédure d'arbitrage.

284. Les parties peuvent choisir, d'un commun accord, un arbitre unique. Si elles optent pour un tribunal arbitral composé de trois membres, chaque partie désigne l'un des deux arbitres appelés ultérieurement à nommer l'arbitre qui présidera le tribunal arbitral. Le Centre arbitral international peut aussi recommander des arbitres possédant les

compétences nécessaires ou nommer directement les membres du tribunal arbitral[128].

285. Par ce mécanisme, deux États qui sont en litige en ce qui concerne l'utilisation d'une eau frontalière peuvent recourir à celui-ci en vue de le résoudre. La décision de justice rendue devient '*'une sentence arbitrale''*.

286. On trouve, à travers le droit international, des différends juridiques entre États, liés au droit à l'eau et à un environnement sain, qui ont été résolus par des tribunaux arbitraux. Les sentences arbitrales alors rendues en la matière ont largement contribué à modeler le comportement des États, conformément aux faits internationalement licites comme la pollution des eaux, l'utilisation non dommageable du territoire d'autrui. En guise d'exemples de 1938 et 1941, dans affaire de la fonderie de Trail, le tribunal arbitral canado-américain rendait deux décisions obligatoires relativement à un cas de pollution atmosphérique dont la source se trouvait au Canada, mais dont les retombées se faisaient ressentir jusqu'aux États-Unis[129].

287. Le tribunal devait prendre en considération le droit international et la pratique internationale aussi bien que le droit et la pratique en vigueur aux États-Unis sur des questions comparables, et devait tenir compte également du désir des parties à la Convention de parvenir à une solution équitable pour toutes les parties concernées.

288. Dans la sentence rendue, le tribunal a, pour la première fois exprimé, la prise en compte du principe de prévention exprimé dans la déclaration de rio, qui exige des

---

[128] https://www.wipo.int/amc/fr Site consulté le 24 décembre 2022.

[129] Tribunal Arbitral Canado-Américain, « affaire Fonderie du Trail » (Canada c. États Unies) 11 Mars 1941.

États de coopérer pour développer encore le droit international en ce qui concerne la « responsabilité et l'indemnisation des victimes de la pollution et d'autres dommages écologiques que les activités menées dans les limites de la juridiction de ces États ou sous leur contrôle causent à des régions situées au-delà des limites de leur juridiction[130].

289. L'autre sentence, célèbre, rendue sur le droit à l'eau, est celle relative à l'utilisation des eaux du Lac Lanoux, (Sentence des eaux du lac Lanoux) dans lequel le tribunal arbitral a précisé qu'un État ne peut se prévaloir de sa souveraineté pour justifier la construction d'un barrage qui porterait atteinte aux États riverains. Le tribunal arbitral franco-espagnol a eu à rappeler à cet égard que la « souveraineté d'un État n'est pas absolue. Elle ne peut et ne doit fléchir que devant le droit international ».

290. **Contentieux du droit à l'eau devant la Cour International de Justice.** La Cour internationale de Justice (CIJ) est l'organe judiciaire principal de l'Organisation des Nations Unies (ONU). Elle a été instituée en juin 1945 par la Charte des Nations Unies et a entamé son activité en avril 1946.

291. Dans l'exercice de sa compétence en matière contentieuse, la Cour Internationale de Justice règle, conformément au droit international, les différends juridiques qui lui sont soumis par les États. Un différend juridique peut être défini comme un désaccord sur un point de droit ou de fait, une contradiction, une opposition de

---

[130] Sandrine Maljean-DUBOIS, « *Le droit de l'environnement comme exemple de la mondialisation des concepts juridiques : Place et rôle des juridictions internationales et constitutionnelles* », in Regards sur la Terre, 2009, p. p.2

thèses juridiques ou d'intérêts comme le mentionne l'article 38 de son statut.

292. Seuls les États ont qualité pour se présenter devant la Cour. Les organisations internationales, les collectivités et les personnes physiques ne sont pas habilitées à introduire une instance devant la Cour. La Cour ne peut connaître d'un différend que si les États en cause ont accepté sa compétence. Aucun État ne saurait donc être partie à une affaire devant la Cour s'il n'y a pas consenti d'une manière ou d'une autre[131]. Il résulte de ce qui précède qu'un État peut saisir la Cour International de Justice à l'effet qu'elle tranche sur un différend juridique lié au droit à l'eau, notamment celui lié à la pollution de ses eaux continentales. Quand un État réalise ou entreprend réaliser une activité sur un cours d'eau transfrontalier ou sur une quelconque partie de son territoire, susceptible de générer les impacts négatifs sur le territoire d'un autre État, ce dernier peut saisir la CIJ dans le but de régler le litige.

293. Sur les questions hydriques et environnementales opposant les États, la cour s'est déjà prononcée de différentes manières. Elle a fourni, en la matière des décisions de justice célèbres. L'analyse des arrêts de la Cour Internationale de Justice, dans le domaine de l'environnement, montre bien que la détermination de l'autonomie conceptuelle de l'environnement s'est faite de façon évolutive avec des moments de consécration et de confirmation.

294. C'est à travers son avis consultatif rendu le **8 juillet 1996** sur la *licéité de la menace ou de l'emploi d'armes nucléaires* que la Cour Internationale de Justice a circonscrit le concept d'environnement en lui attribuant une

[131] https://www.icj-cij.org/fr/ site consulté le 13 décembre 2022.

définition précise. Par la suite, la Cour s'est employée dans ses décisions ultérieures à affirmer « *l'unité et la cohésion de sa propre jurisprudence* » en confirmant sa conception de la notion d'environnement, notamment à travers l'arrêt Gabcikovo-Nagymaros[132].

295. L'article 8 de la convention du 21 mai 1997 relative à l'utilisation des cours d'eau internationaux à des fins autres que la navigation prévoit une obligation de coopération à la charge de tous les États riverains et intéressés. Cette coopération implique l'utilisation conjointe des ressources en eau partagées et la bonne foi dans la négociation.

296. L'utilisation des cours d'eau internationaux illustre bien l'obligation de coopération qui est imposée aux États par le droit. C'est ce qui ressort de l'arrêt de la Cour Internationale de Justice du 25 septembre 1997 dans l'affaire du projet Gabcikovo-Nagymaros. Dans cette affaire, la Cour commence par reconnaître le rôle vital du Danube dans le développement commercial et économique des États riverains, car *« il a mis en évidence et accru l'interdépendance, rendant indispensable la coopération internationale »*. C'est dire qu'en matière de cours d'eau internationaux, l'utilisation conjointe est indispensable. La coopération dont il s'agit ici peut intervenir à tout moment de l'utilisation conjointe d'un cours d'eau international. Par exemple, elle peut être préalable à toute action et consister en *« une obligation de consultation et d'harmonisation des actions respectives des deux États, lorsque les intérêts généraux sont engagés en matière d'eau »*.

---

132 CIJ arrêt du 25 septembre 1997, « affaire du projet Gabcikovo-Nagymaros », (Hongrie C. Slovaquie).

297. Elle peut également intervenir pendant la réalisation d'un projet et se traduire par une nécessité d'adapter de façon concertée le projet aux circonstances nouvelles. En clair, ce secteur d'activité soulève des problèmes complexes, d'où la nécessité d'une action concertée, *« des mesures destinées à atténuer ces problèmes (les problèmes environnementaux) ne pouvant être prises que dans le cadre d'une coopération internationale* [133] ». Les échanges d'informations sont considérés comme un *« éventail de démarches procédurales concrètes et détaillées »* permettant de mettre en œuvre l'obligation de coopération. Il peut s'agir soit d'un échange de données, soit d'une notification systématique des mesures adoptées par un État.

298. C'est depuis 1949 que la Cour Internationale de Justice a consacré l'obligation qu'ont les États riverains d'informer les autres États des dangers liés à la navigation dont ils ont la connaissance. En effet, dans l'affaire de Détroit de Corfou, la Cour dit que *« les obligations qui incombaient aux autorités albanaises consistaient à faire connaitre, dans l'intérêt de la navigation en général, l'existence d'un champ de mines dans les eaux territoriales albanaises et à avertir les navires de guerre britanniques (...) du danger imminent auquel les exposait ce champ de mines »*. L'obligation ainsi consacrée sous-entend que les parties doivent échanger les informations dont elles disposent et qui pourraient avoir un impact sur les droits des autres[134].

[133] SERGE Itourou SONGUE, « *La thématique de l'environnement dans la jurisprudence de la Cour Internationale de Justice* », mémoire de master, Institut des relations internationales du Cameroun (IRIC), 2011, p.22.

299. L'existence de mécanismes administratifs et juridictionnels supranationaux démontre que le droit à l'eau est susceptible d'être mis en œuvre au-delà de la sphère interne des États. Cependant, malgré ces dispositifs, leur application demeure parfois difficile, notamment à cause des exigences procédurales, du consentement des parties et des limites institutionnelles. C'est pourquoi il est essentiel de renforcer l'accessibilité et l'efficacité de ces mécanismes afin de mieux protéger ce droit fondamental.

Chapitre II
Les contraintes factuelles de mise en œuvre du droit à l'eau

300.La simple existence de procédures administratives et juridictionnelles mises au service des justiciables pour faire valoir leurs prétentions devant le juge ne garantit pas, à elle seule, « l'effectivité » du droit à l'eau. En effet, la notion d'effectivité d'un droit se mesure, avant tout, à son applicabilité concrète, ainsi qu'au respect effectif des droits et obligations des acteurs concernés. En droit guinéen, la reconnaissance législative du droit à l'eau est certes une avancée louable, au moins sur le plan théorique. Cependant, cette consécration risque de demeurer lettre morte si, dans la pratique, ce droit est régulièrement méconnu, voire violé, volontairement ou non.

301. Le droit à l'eau se heurte souvent à des obstacles factuels et structurels qui entravent son application effective. C'est pourquoi nous tenterons d'identifier certains facteurs qui compromettent cette effectivité, en analysant d'abord la faible efficacité des institutions administratives et juridictionnelles en charge de sa mise en œuvre **(Section I),** avant d'examiner les activités anthropocentriques qui contribuent à fragiliser ce droit fondamental **(Section II).**

Section I : L'efficacité limitée des institutions administratives et juridictionnelles

302.Il est important de souligner que la mise en œuvre d'un droit ne repose pas uniquement sur son inscription dans des textes, mais surtout sur la capacité des institutions à en garantir le respect et l'application. En Guinée, bien que des procédures existent pour protéger le droit à l'eau, leur effectivité est souvent mise à mal par plusieurs facteurs.

303. Premièrement, les institutions administratives compétentes souffrent fréquemment d'un déficit de moyens financiers et humains. Cette insuffisance limite leur capacité à assurer un contrôle efficace sur la gestion et la distribution de l'eau, laissant place à des dysfonctionnements qui affectent directement les usagers.

304. Deuxièmement, sur le plan juridictionnel, bien que les justiciables puissent saisir les tribunaux pour faire valoir leur droit à l'eau, ces recours restent souvent peu accessibles ou peu utilisés. Cela s'explique notamment par un manque d'information, des coûts élevés liés aux procédures, ou encore par la lenteur des juridictions. Cette situation entraîne un découragement des populations qui, faute de recours efficaces, se résignent face aux violations constatées.

305. Enfin, l'insuffisance de coordination entre les différentes structures étatiques en charge de l'eau fragilise encore davantage la protection de ce droit. L'absence d'une politique intégrée et cohérente limite la capacité globale à répondre aux besoins des populations. Ainsi nous tenterons de ressortir l'état lacunaire de l'administration en charge de l'eau (**Paragraphe I**) avant de ressortir ceux propres aux organismes juridictionnels (**Paragraphe II**).

Paragraphe I : L'état lacunaire de l'administration en charge de l'eau

306.L'administration en charge de l'eau semble avoir des lacunes qui réalisent la faible effectivité du droit à l'eau. Ses insuffisances sont perceptibles à deux stades différents. Il s'agit du manque de ressources humaines suffisamment qualifiées (**A**) et, conséquemment, de la non-élaboration de certains textes d'application liés à l'encadrement juridique de l'eau (**B**).

A – Le manque de ressources humaines suffisamment qualifiées au sein des institutions

307.L'administration en charge de la gestion de l'eau en Guinée fait face à un déficit criant de ressources humaines qualifiées, ce qui constitue un obstacle majeur à la bonne application du droit à l'eau. Ce constat n'est pas propre à la Guinée, mais s'inscrit dans une tendance observée dans de nombreux pays en développement, où la faiblesse des capacités institutionnelles compromet l'effectivité des politiques publiques.

308. En Guinée, la plupart des agents publics affectés aux structures hydriques ne disposent pas toujours des compétences techniques ou juridiques adaptées à leurs fonctions. Ce désalignement entre compétences et responsabilités a pour effet une mauvaise planification, une gestion inefficace des ressources, et une incapacité à assurer un suivi rigoureux des installations hydrauliques.

309. Cette inadéquation est particulièrement visible dans la surveillance des ouvrages hydrauliques. Par exemple, les contrôles ex ante (avant l'octroi d'autorisation d'exploitation) et ex post (pendant et après l'exploitation) sont souvent réalisés de manière approximative, voire négligés.

310. Le manque d'équipements techniques adaptés, tels que les capteurs de qualité des eaux, aggravent ce phénomène. Or, comme le souligne Maurice Kamato dans son ouvrage le droit de l'environnement en Afrique, un contrôle efficace de la pollution nécessite un inventaire précis des eaux superficielles et souterraines, accompagné d'une surveillance technologique continue. En Guinée, les institutions en charge des ressources hydriques manquent souvent de ces équipements, ou ceux-ci sont insuffisants, ce qui laisse la porte ouverte aux contaminations par des activités minières, agricoles ou industrielles.

311. Le réseau de distribution d'eau de Conakry est particulièrement sujet à des pertes importantes en raison de fuites non détectées. Selon la Société des Eaux de Guinée (SEG), environ 40 % de l'eau produite à Conakry est perdue avant même d'atteindre les consommateurs, en grande partie à cause des fuites dans les canalisations anciennes[135].

312. En somme, ce manque de ressources humaines peu qualifées constitue un véritable talon d'Achille, empêchant la mise en œuvre effective des lois et politiques relatives à la gestion durable de l'eau, et par conséquent compromettant le droit fondamental à l'eau. Outre, il faut préciser que le fait de ne pas élaborer certains textes d'applications du code l'eau ou la non-création de certaines institutions occasionne la faiblesse de la mise en œuvre du droit à l'eau.

B – La non-élaboration de certains textes d'application liés à l'encadrement juridique de l'eau

313.L'adoption d'une loi, si importante soit-elle, ne garantit pas, à elle seule, l'effectivité du droit qu'elle entend

---

[135] Mouctar DIALLO, « *Pour une eau durable en Guinée, Gouvernance, défis et reformes* » *Op cit.*, p.73

encadrer. Encore faut-il que les textes réglementaires nécessaires à sa mise en œuvre – appelés textes d'application – soient effectivement élaborés. C'est à travers ces textes que les dispositions législatives prennent forme concrète et deviennent applicables dans la réalité.

314. En Guinée, cette exigence est loin d'être respectée, notamment dans le domaine de la gestion de l'eau. De nombreuses lois adoptées, en particulier celles contenues dans le Code de l'eau et le Code de l'environnement, restent inappliquées faute de leurs textes d'application. Cette carence affaiblit gravement l'arsenal juridique censé encadrer la gouvernance de l'eau, rendant le droit à l'eau théorique plutôt que réellement accessible et protégé.

315. Un exemple illustratif est celui de la loi portant gestion, organisation et fonctionnement de la Commission Nationale de l'Eau, prévue à l'article 37 du Code de l'eau, voire celle relative à la mise en place l'Autorité de Régulation de l'Eau et de l'Électricité. Cette première instance, pourtant essentielle à la coordination et au pilotage de la politique nationale de l'eau, n'a jamais été instituée, faute du décret d'application nécessaire. Cette situation prive l'administration d'un organe clé, et les juridictions d'un référentiel précis pour sanctionner les atteintes aux règles d'usage et de gestion de l'eau. Au-delà de l'absence de textes d'application, c'est aussi l'inexistence ou l'inopérationnalité de certaines institutions prévues par le Code de l'eau qui pose problème. Ces structures, bien que prévues par la loi, peinent à voir le jour ou à fonctionner efficacement, ce qui retarde la mise en œuvre de la Politique Nationale de l'Eau.

316. Enfin, le caractère obsolète du Code de l'eau, qui ne tient pas compte des évolutions récentes du droit de

l'environnement – notamment celles introduites par le Décret D/2019/0034/AN du 4 juillet 2019 – accentue davantage cette faible effectivité. Certains principes modernes de gouvernance de l'eau, comme la gestion intégrée des ressources ou la participation citoyenne, ou encore les objectifs pour atteindre le bon état des masses d'eau développés par la Directive Cadre sur l'Eau notamment gérer de façon durable les ressources en eau, prévenir toute dégradation des écosystèmes aquatiques, assurer un approvisionnement suffisant en eau potable de bonne qualité, réduire la pollution des eaux souterraines et, enfin, supprimer les rejets de substances dangereuses y sont encore insuffisamment intégrés.

317. Pour sortir de cette impasse, deux pistes majeures s'imposent. Premièrement, la révision du Code de l'eau pour l'harmoniser avec le Code de l'environnement et les nouveaux engagements internationaux en matière de gestion durable des ressources. Deuxièmement, l'élaboration urgente des textes d'application pour chaque disposition légale, afin de rendre les normes juridiques opérationnelles et contraignantes pour tous les acteurs. Bref, sans textes d'application, le droit reste lettre morte. Pour que le droit à l'eau soit effectif en Guinée, il semble impératif de compléter les lois existantes par les instruments réglementaires appropriés, tout en veillant à la mise en place des institutions prévues. Faute de quoi, les engagements en faveur de l'accès à l'eau resteront sans impact concret pour les populations.

Paragraphe II : Les limites juridictionnelles du contentieux lié au droit à l'eau

318. Le contentieux du droit à l'eau est confronté à des limites et défis juridictionnels qui menace d'anéantissement son effectivité. Parmi ces limites paraissent notamment

quelques entraves structurelles (A) accentué par une sous-maitrise du contentieux de l'environnement (B).

A. Les entraves structurelles au contentieux du droit à l'eau

319.En Guinée, l'effectivité juridictionnelle du droit à l'eau se heurte à une série de contraintes structurelles qui en compromettent la justiciabilité. Les litiges relatifs à l'eau, par nature complexes et fortement imbriqués dans des considérations techniques, scientifiques et écologiques, sont traités par des juridictions de droit commun dont les magistrats ne disposent pas, pour la plupart, d'une formation adéquate en droit de l'environnement. Cette lacune, reconnue par certains praticiens eux-mêmes lors des entretiens de terrain, conduit à des décisions souvent inadaptées, voire réductrices, qui peinent à appréhender la spécificité des atteintes environnementales et leurs conséquences à long terme. Le non-développement des textes d'application du Code de l'environnement et du Code de l'eau prive le juge des outils procéduraux nécessaires à une réponse juridictionnelle efficace, rapide et proportionnée.

320. Enfin, la justice guinéenne est organiquement et matériellement bien éloignée des justiciables. [136] Les obstacles socio-économiques et géographiques auxquels sont confrontées les populations rurales — pourtant premières victimes des atteintes au droit à l'eau — contribuent à une sous-judiciarisation chronique.

321. L'éloignement des juridictions, le coût élevé des procédures et la méconnaissance des droits fondamentaux transforment l'accès à la justice en un parcours dissuasif. Il en résulte une invisibilisation juridictionnelle des violations

[136] Kalil Aissata Keita « La protection juridictionnelle des administrés contre l'administration en Guinée », *Op.cit.,* p179.

du droit à l'eau, qui ne reflète ni leur ampleur ni leur gravité réelle.

B. La sous-maîtrise du contentieux lié à l'environnement

322.Au-delà du seul droit à l'eau, le contentieux environnemental guinéen se caractérise par une structuration embryonnaire et une mobilisation extrêmement limitée du juge. Cette situation contraste avec l'existence d'un arsenal normatif relativement étoffé couvrant des domaines aussi variés que la faune, les forêts, l'eau, les activités minières ou encore la gestion des déchets. La rareté des affaires portées devant les tribunaux ne saurait donc être interprétée comme l'indice d'une absence d'atteintes à l'environnement ; elle traduit bien plutôt la persistance d'un décalage profond entre la norme juridique et sa mise en œuvre effective.

323. Dans ce paysage contentieux clairsemé, un phénomène mérite une attention particulière : la quasi-exclusivité du contentieux faunique. Les rares décisions rendues concernent principalement des infractions liées au braconnage, à la détention ou au commerce illicite d'espèces protégées, ainsi qu'au trafic transfrontalier de produits fauniques [137] . Cette prédominance s'explique moins par une gravité supérieure de ces infractions que par l'existence, dans ce domaine précis, d'un dispositif institutionnel relativement plus opérationnel. L'action coordonnée des services spécialisés, l'implication active d'organisations non gouvernementales et l'appui de partenariats internationaux favorisent la détection, la dénonciation et la poursuite de ces infractions.

---

[137] Morlaye DIALLO, « Le contentieux de l'environnement devant le juge guinéen », Mémoire, master en droit de l'environnement, mines et développement durable, université de Général Lansana Conté Sonfonia, 2022, p.56.

324. Cette focalisation révèle cependant un déséquilibre structurel préoccupant. Les atteintes graves et systémiques à l'environnement — pollution des eaux et des sols, déversements industriels, dégradations minières, déforestation massive ou gestion illicite des déchets — échappent largement au contrôle juridictionnel. Ce déficit s'explique par plusieurs facteurs cumulatifs : insuffisance d'expertise technique pour qualifier juridiquement les infractions, faiblesse de la police environnementale, manque de formation des magistrats et poids économique et politique de secteurs extractifs stratégiques.

325. Dès lors, la domination du contentieux faunique ne saurait être interprétée comme un signe de vitalité du droit de l'environnement en Guinée. Elle apparaît plutôt comme le symptôme d'une mise en œuvre sélective et fragmentée, largement tributaire de dynamiques exogènes, au détriment d'une politique nationale cohérente de protection environnementale. Le véritable défi réside dans l'élargissement du champ du contrôle juridictionnel, afin de garantir une effectivité transversale des normes environnementales, incluant pleinement le droit à l'eau.

326. Dans cette perspective, les lacunes institutionnelles, techniques et sociales identifiées appellent une réforme en profondeur du système judiciaire guinéen. La création de sections ou de chambres environnementales spécialisées au sein des juridictions pourrait constituer une voie pertinente pour renforcer la justiciabilité du droit à l'eau et répondre, de manière structurée et durable, aux insuffisances actuelles du contentieux environnemental.

Section II : Une mise en œuvre compromise par certaines activités

327.Le droit à l'eau, pour être effectif, suppose non seulement un cadre juridique adéquat, mais aussi un environnement préservé, garantissant une ressource de qualité, accessible et durable. Or, dans la pratique, certaines activités humaines viennent porter atteinte à ce droit, en compromettant la qualité des eaux, leur disponibilité et leur accessibilité.

328. En Guinée, plusieurs pratiques – industrielles, agricoles, énergétiques ou encore urbaines – contribuent de manière préoccupante à la pollution des eaux de surface comme des eaux souterraines. Ces activités, souvent peu ou mal encadrées, constituent des contraintes majeures à la mise en œuvre du droit à l'eau, tel que consacré par les textes juridiques nationaux et les engagements internationaux du pays.

329. Ces contraintes, bien que présentes dans de nombreux pays, prennent en Guinée des formes spécifiques, liées au contexte économique, institutionnel et social. Leur analyse s'appuie ici sur des données issues de rapports techniques et environnementaux, ainsi que sur des témoignages et échanges recueillis auprès d'acteurs de terrain.

330. Nous aborderons d'abord les impacts du secteur minier et agricole sur la qualité et la disponibilité des ressources en eau **(Paragraphe I)**, avant de traiter des effets induits par le secteur énergétique et l'urbanisation incontrôlées **(Paragraphe II)**.

Paragraphe I : Les atteintes du secteur minier et du secteur agricole au droit à l'eau

331.Étant tous des secteurs clés des activités économiques, majoritairement pratiqués en Guinée, le secteur minier et agricole, dans les faits, participent à l'atteinte de la ressource en eau. Ainsi, nous mettrons en relief les atteintes du secteur minier sur la ressource en eau **(A)** puis celui du secteur agricole **(B)**.

A – Les atteintes du secteur minier sur la ressource en eau

332. Le secteur minier regroupe un ensemble d'opérations de reconnaissance, de recherche ou d'exploitation des substances minières ou de carrières[138]. De nombreuses études ont en effet établi que la parfaite conjugaison entre l'exploitation minière et la protection de l'environnement demeure encore un mirage dans la plupart des pays africains. L'industrie minière, principalement axée sur l'extraction de minéraux et de métaux tels que le fer, le cuivre, le cobalt, le nickel et le cadmium, dégrade les écosystèmes et contamine l'environnement[139].

333. Si cette affirmation relève de l'évidence, sans nul doute, il y a raison de dire que la Guinée n'est pas à la marge des pays qui font exception à cette réalité. Le sous-sol guinéen contient les plus grands gisements de bauxite au monde, d'importantes réserves de fer, d'or, de diamant, ainsi que de considérables potentialités pour l'exploitation du zinc, du cobalt, du nickel et de l'uranium… le secteur minier, moteur de la croissance, assurant jusqu'à 25 % des recettes publiques, est l'objet de nombreux calculs et d'intenses convoitises avec une vingtaine de mégaprojets prévus[140].

---

[138] Loi L/2011/006/CNT du 09 septembre 2011 portant Code minier de la République de modifiée par la loi 2013/053/CNT portant modification de certaines dispositions du Code miner du 08 avril 2013, titre I.

[139] https://www. afrik21.fr site consulté le 3 décembre 2022

[140] Frédéric THOMAS, « *Enjeux miniers en Guinée* » Cetri, p.23.

334. Par nature, l'extraction minière n'est pas une activité durable. Sa grande consommation d'eau, son utilisation de produits toxiques (cyanure, mercure, etc.) et le caractère intensif de cette exploitation expliquent qu'elle a des impacts négatifs considérables et à long terme sur l'environnement et la biodiversité en général, et l'eau en particulier[141].

335. Sur le plan hydrologique, le déboisement et le défrichement des terrains pour la mise en place des infrastructures minières (telle que la construction de routes d'accès, le forage exploratoire, l'enlèvement des morts-terrains ou la construction de parcs à résidus miniers) entrainent la perturbation du régime hydrologique[142].

336. Dans les zones minières du pays, en général, on assiste à une altération poussée et rapide des eaux dans leurs ensembles, avec le maximum de risques et d'inconvénients observables à la fois au niveau de l'exploitation industrielle, semi-industrielle et artisanale des substances minières. Les régions de Boké et de Siguiri restent parmi ces zones qui subissent grandement les effets de la vulnérabilité hydrique induite par les activités minières.

337. Dans la zone minière de Boké, par exemple, où existe une dizaine de sociétés minières[143], l'extraction de la bauxite concourt à réduire le niveau et la qualité des eaux des rivières, des cours d'eau et des puits qu'utilisent les communautés pour se laver, cuisiner et boire, menaçant

---

141 *Ibid.,* p.23

142 Programme d'appui à la gouvernance dans le secteur minier (PAGSEM). Rapport Final Définitif d'Étude Stratégique Environnementale et Sociale (ESES) de la réforme du secteur minier en République de Guinée, p.23.

143 https://guineelive.com/ site consulté le 11 novembre 2022.

l'accès aux ressources en eau de milliers de personnes. La construction des routes minières et d'autres infrastructures ont obstrué les rivières et les ruisseaux, et les sédiments formés par le ruissellement de la terre exposée dans les mines à ciel ouvert et des routes poussiéreuses finissent dans les cours d'eau[144].

338. L'extraction à ciel ouvert supprime la végétation et la terre pour atteindre les gisements et augmente le volume et la vitesse de drainage des eaux de surface, ce qui peut réduire la quantité d'eau qui s'infiltre dans les aquifères souterrains. Ces facteurs, à leur tour, aggravent l'érosion des sols, alimentent les rivières et les cours d'eau environnants en sédiments, y produire de la turbidité (les rendre troubles) et bloquent ou entravent progressivement leur écoulement. Bien que l'extraction de la bauxite n'utilise pas de produits chimiques ou de métaux toxiques, les flux de sédiments dans les rivières convoient des composés d'aluminium, de fer et des métaux lourds naturels qui deviennent dangereux à des concentrations élevées[145]

339. Les sociétés minières ont aussi souvent besoin d'eau pour leur propre usage, par exemple, pour arroser les routes minières afin de réduire les niveaux de poussière. Le Code guinéen de l'eau donne un droit inaliénable à l'accès à l'eau et à son utilisation à des fins domestiques, pour boire et cuisiner, à des fins d'hygiène, pour la lessive et dans le cadre de l'agriculture de subsistance. Si en vertu de ce code les sociétés minières peuvent demander au gouvernement un permis pour utiliser les ressources locales en eau, l'utilisation de l'eau par une entreprise ne doit pas interférer

---

[144] Human Right Watch, Rapport « Quels bénéfices en tirons-nous ? » Impact de l'exploitation de la bauxite sur les droits humains en Guinée, p.27.

[145] *Ibid.*, p.33.

avec l'accès à l'eau des communautés locales. Le Code minier guinéen impose aussi aux sociétés minières de prendre des mesures pour éviter « la pollution de l'eau (...) et la dégradation des écosystèmes[146] ».

340. À l'instar de la zone minière de Boké, celle de Siguiri connait aussi des atteintes du droit d'accès à l'eau des personnes à plusieurs niveaux. Il est établi que les activités aurifères industrielles impactent les ressources en eau, par le biais du pompage, de rabattement effectué en fond de fosses, permettant d'assurer les conditions de travail à sec, de sécuriser la stabilité des parois. La baisse du niveau de la nappe phréatique résultant de cette évacuation des eaux des fosses affecte potentiellement les puits et les forages situés dans les étendues locales et zonales. La quantité et la qualité des eaux de surface et souterraines ont été évaluées. En effet, selon l'étude réalisée par Y. BAMBA, il apparait d'une part que : « *La quantité d'eau mobilisée pour l'exploitation de la mine est admissible vu la disponibilité des ressources en eau avec un excédent de 5 951 009,8 m3 dans la zone d'étude. Et d'autre part, l'analyse des paramètres physiques, chimiques et microbiologiques des eaux des forages PB02 et PB04 (lieu de prélèvement des échantillons d'eau) a montré que la zone minière connait une pollution en cyanure totale avec des valeurs respectives de 0,865 mg/l et 0,829 mg/l*[147] ».

341. De même, dans la ville de Hiré, les concentrations en cyanure sont supérieures à l'état actuel aux concentrations usuelles pour les eaux naturelles non contaminées, et présentent des teneurs plus fortes avec une différence significative comparée aux valeurs proposées par

---

[146] *Ibid.*,

[147] https://www.revuegeo-univdaloa.fr, site le consulté le 27 Nov.2022.

l'O.M.S. *« Les eaux de surface au voisinage du centre minier de Bonikro s'avèrent donc nettement polluées »*. Par ailleurs, l'exploitation aurifère artisanale contribue également à la pollution de l'eau. En effet, l'utilisation des produits chimiques tels que le mercure ou le cyanure dans certains procédés d'extraction est nocive pour le bon fonctionnement de l'écosystème aquatique[148].

342. Eu égard aux faits dits ci-haut, il ressort que l'activité minière génère des impacts négatifs énormes sur les sur ressources en eaux et concourt de la même manière à violer les droits des personnes à l'eau dans beaucoup de zones minières du pays. En cela, elle s'illustre comme une contrainte factuelle qui contribue, d'une manière ou d'une autre, à compromettre l'effectivité du droit à l'eau en Guinée. À côté du secteur minier, le secteur agricole génère des impacts négatifs graves sur la ressource en eau. D'où l'intérêt pour nous d'exposer son implication dans la difficile mise en œuvre du droit à l'eau.

B – Les atteintes de l'agriculture et de l'élevage au droit à l'eau

343.Les facteurs agricoles sont l'agriculture intensive et l'élevage industriel. La première par l'utilisation d'intrants, d'engrais (nitrates, phosphates) et de pesticides qui contaminent l'eau. Le deuxième pour les compléments alimentaires donnés aux animaux d'élevage. Ces produits qui passent dans les déjections animales sont rejetés dans la nature. Ils contribuent ainsi à la dégradation des cours d'eaux situés aux alentours, et atteignent facilement les nappes phréatiques peu profondes. L'infiltration de l'eau

[148] *Ibid.*

sur des sites déjà pollués (herbicides, pesticides entraine également la dégradation des nappes[149].

344. Ces pesticides et herbicides, largement utilisés dans le secteur agricole aussi bien au niveau des zones rurales et urbaines guinéennes par les agriculteurs, contiennent des Polluants Organiques Persistants (POP), lesquels sont des substances chimiques toxiques reconnus graves pour la santé humaine et les écosystèmes.

345. Au regard de l'utilisation courante de ces produits dans le secteur agricole, on peut retenir que le secteur agricole participe à polluer les eaux. Ceci étant, son encadrement juridique nécessite d'être pris en compte pour la qualité de la ressource en eau. L'agriculture et l'élevage, bien qu'indispensables à la sécurité alimentaire et au développement économique, constituent également des sources importantes de pollution de l'eau en Guinée. Cette réalité, souvent sous-estimée, compromet sérieusement la mise en œuvre effective du droit à une eau saine, en affectant la qualité des ressources hydriques disponibles.

346. D'une part, l'agriculture intensive utilise de grandes quantités d'intrants chimiques : engrais azotés (nitrates, phosphates), pesticides, herbicides. Ces produits, en se lessivant dans les sols ou en étant entraînés par les eaux de ruissellement, contaminent les cours d'eau et infiltrent les nappes phréatiques, particulièrement dans les zones à faible profondeur. Cette infiltration contribue à la pollution diffuse des eaux, rendant leur traitement plus complexe et plus coûteux. D'autre part, l'élevage industriel a également des effets non négligeables. Les compléments

[149] Kabinet KOMARA, « L'eau enjeux vital des relations internationales, eaux transfrontalières : bombes à retardement ou facteurs de coopération et de paix ? » *Op.cit.* p77.

alimentaires administrés aux animaux se retrouvent dans leurs déjections, qui, souvent non traitées, sont rejetées directement dans l'environnement.

347. Signalons, dans ce cadre, que la Guinée est partie à la convention de Stockholm de 2001 sur les polluants organiques persistants sus-évoqués[150], lequel reconnait que ces substances possèdent des propriétés toxiques, résistent à la dégradation, s'accumulent dans les organismes vivants et sont propagés par l'air, l'eau et les espèces migratrices par-delà les frontières internationales, et déposés loin de leur site d'origine, où ils s'accumulent dans les écosystèmes terrestres et aquatiques. L'applicabilité des clauses de cette convention pourrait être une alternative susceptible de limiter ou de minimiser les atteintes à l'eau du fait de certains produits agricoles. Il convient de rappeler que certains domaines comme l'énergie et l'urbanisme concourent, en certaines circonstances, à rendre difficile l'effectivité du droit à l'eau.

Paragraphe II : Les atteintes du secteur de l'énergie et des établissements humains au droit à l'eau

348.Le secteur de l'énergie, à travers la construction des barrages hydroélectriques, et le mauvais emplacement des établissements humains portent souvent atteinte au droit à l'eau.

---

[150] La Convention de Stockholm sur les polluants organiques persistants (2001) est traitée international visant à éliminer ou limiter la production, l'utilisation et les rejets des polluants organiques persistants afin de protéger la santé humaine et l'environnement.

A – Les atteintes des barrages hydroélectriques au droit à l'eau

349.La Guinée, en tant que château d'eau d'Afrique de l'Ouest, dispose des barrages hydroélectriques. On peut en compter un total avoisinant quatre grands barrages hydroélectriques, dont les plus célèbres restent ceux de Souapéti et de Kaléta [151] . La construction de barrages hydroélectriques entraîne une reconfiguration profonde des régimes hydrologiques naturels. En retenant et en redistribuant les flux d'eau en fonction des impératifs de production énergétique, ces ouvrages peuvent compromettre la disponibilité de l'eau pour les usages domestiques et agricoles des populations situées en aval.

350. La réduction artificielle des débits, notamment en période d'étiage, porte atteinte au principe de priorité des usages vitaux de l'eau, pourtant consacré par plusieurs instruments internationaux l'environnement évoqués plus haut.

351. En outre, l'accessibilité physique à l'eau est souvent affectée par l'inondation de territoires habités et l'éloignement des points d'eau traditionnels. Les populations déplacées se trouvent fréquemment privées de leurs sources naturelles, sans que des solutions alternatives durables ne soient mises en place. Cette situation est d'autant plus problématique que le droit à l'eau impose aux États l'obligation de garantir un accès continu et non discriminatoire, indépendamment du statut socio-économique des individus.

352. La construction du barrage de Souapéti, à lui seul, a contraint le déplacement d'environ 16 000 habitants de

---

[151] De nombreux membres des communautés interrogés par Human Rights Watch ont affirmé que les terres inondées par le barrage souapeti étant si nombreuses, il n'y avait pas assez de place sur les sites de réinstallation pour pouvoir cultiver.

101 villages et hameaux. Forcées à quitter les habitations et les terres de culture de leurs ancêtres, dont une grande partie est déjà inondée ou en passe de l'être, les communautés déplacées ont du mal à nourrir leurs familles, à rétablir leurs moyens de subsistances et à vivre dignement[152].

353. La gouvernance des projets hydroélectriques constitue un enjeu central pour l'effectivité du droit à l'eau. Le droit à l'information, à la participation du public et à l'accès à la justice, consacrés notamment par la Convention d'Aarhus[153], sont fréquemment mis à mal dans le cadre de grands projets hydroélectriques. L'absence de consultation réelle des populations affectées affaiblit la légitimité des décisions et empêche la prise en compte des besoins fondamentaux en matière d'accès à l'eau.

B – Les atteintes des établissements humains au droit à l'eau

354.Les établissements humains désignent l'ensemble des agglomérations urbaines et rurales, quels que soient leurs types et leurs tailles et l'ensemble des infrastructures, dont elles doivent disposer pour assurer à leurs habitants une existence saine et décente. Les plans d'urbanismes et de construction prennent en compte les impératifs de protection de l'environnement, les risques dans les choix d'implantation et la réalisation des zones d'activités économiques, de résidence et de loisirs. L'État prend des

---

[152] Human rights watch, Rapport « Nous devons tout abandonner » Impact du barrage de Souapiti sur les communautés déplacées en Guinée », Avril 2020, p93.

[153] La Convention d'Aarhus est un traité international qui garantit au public l'accès à l'information environnementale, la participation aux décisions et l'accès à la justice en matière d'environnement.

dispositions pour une remise à jour régulière du Schéma National d'Aménagement du Territoire[154].

355. Dans certaines zones urbaines, de manière générale, les établissements humains sont souvent construits sans tenir compte du Schéma d'Aménagement du Territoire, ce qui entraine une certaine atteinte au droit à l'eau du fait de quelques constructions anarchiques, qui méconnaissent des opérations d'amélioration de l'habitat notamment la rénovation urbaine, la restructuration urbaine, la réhabilitation urbaine et la restauration immobilière[155].

356. Conformément à l'article 22 de la loi L/2015/020/AN portant Code de la construction et de l'habitat de la république de Guinée, aucun puit d'eau ne doit être creusé à moins de 25 m de quelques installations d'eaux usées que ce soit (latrine, fosse septique, puits perdu, épandage souterrain)[156]. Il s'avère que dans les faits, les puits et forages de certains ménages sont installés auprès des latrines ou fosse septique sans tenir compte des normes d'espacement tel qu'établi par la loi. Il s'agit de la non-intégration des préoccupations environnementale, de la non-prise en compte du coefficient d'occupation des sols, de la volumétrie des sols dans les plans de constructions des habitats.

357. À Conakry, l'insuffisance de l'approvisionnement en eau potable assuré par les services publics, notamment la Société des Eaux de Guinée (SEG), pousse de nombreux ménages à recourir à la construction de pompes-forages

[154] Loi L/2019/0034/AN du 04 juillet 2019, portant Code de l'environnement de la république de Guinée, art.73.

[155] Loi L/2015/020/AN portant Code de la construction et de l'habitat de la république de Guinée, art 51.

[156] *Ibid.,*

individuelles. Si cette pratique répond à un besoin fondamental reconnu par les instruments internationaux relatifs aux droits humains, elle soulève toutefois d'importants enjeux environnementaux et juridiques.

358. Sur le plan environnemental, la multiplication non réglementée des forages entraîne une surexploitation des nappes phréatiques, en contradiction avec les principes de gestion durable des ressources naturelles consacrés par le Code de l'environnement de la République de Guinée. Le prélèvement excessif compromet la recharge naturelle des aquifères et perturbe l'équilibre hydrogéologique, avec pour conséquence l'assèchement progressif de certains points d'eau et la dégradation des écosystèmes urbains et périurbains.

359. Ce déficit de contrôle, l'insuffisance de mécanismes d'autorisation préalable et le manque de suivi environnemental favorisent une exploitation anarchique de la ressource, en contradiction avec les principes de précaution et de prévention reconnus par le droit environnemental guinéen et international.

360. Si les pompes-forages domestiques constituent une réponse immédiate aux carences du service public de l'eau, leur prolifération incontrôlée à Conakry pose de sérieux problèmes environnementaux et juridiques. Une régulation plus stricte, fondée sur l'application effective des textes existants, le renforcement des capacités institutionnelles et la sensibilisation des ménages, apparaît indispensable pour garantir une gestion durable et équitable des ressources en eau.

361. Il en résulte un contact souterrain entre ces différentes installations, ce qui contamine, régulièrement, ces eaux destinées à des usages personnels et domestiques. De même, la non-considération de la façade de rues, des modèles de clôtures et mobiliers urbains prolifère des constructions anarchiques au bord des mers, occasionnant

la perturbation des marées, donc l'atteinte aux eaux maritimes. Les cours d'eau qui subiraient une réduction de débit dépassant les 50 % de la moyenne actuelle par endroit et dans toutes les régions naturelles du pays. Le débit du Niger diminuerait de l'ordre de 16 % à 28 % au cas d'un réchauffement 2,5 °C et de 23 % à 54 % au cas de 4,5 °C. De nos jours, les principaux cours d'eau du bassin du Niger subissent des phénomènes d'ensablement liés d'une part à la perte du couvert végétal et de l'humidité du sol et d'autre part à l'accroissement de l'érosion hydrique par les eaux pluviales et la destruction des forêts-galeries.

362.En outre, du fait de la faible résilience des populations au changement climatique, on assiste à un accroissement des phénomènes d'érosion et de comblement des lits des cours d'eau, et à une régression des massifs forestiers et de la mangrove en raison principalement de la mauvaise gestion des feux de brousse, de la non-organisation de la fabrication du charbon et des briques cuites aux abords des cours d'eau, de la faible mitigation des impacts des activités minières et de l'exploitation anarchique des zones côtières[157].

363.La problématique du changement climatique est inséparable de l'évolution des conditions et pratiques de vie de la population. Elle se pose en termes de capacité de résilience de toutes les composantes de la société guinéenne face à des phénomènes naturels auxquels seule l'adaptation est envisageable et à des pratiques non durables auxquelles il est tout à fait possible de lutter contre, voire d'éradiquer.

---

[157] Politique Nationale de l'eau en république de Guinée, p. 25.

Conclusion générale

364. Dans le cadre de la présente étude, nous nous sommes attachés à examiner la problématique du droit à l'eau, envisagé à l'aune des impératifs de protection de l'environnement en République de Guinée. L'approche adoptée a consisté, dans un premier temps, à analyser la portée juridique de ce droit, en explorant ses fondements tant au niveau international que dans le système juridique national. Il ressort de cette analyse que, bien qu'il n'existe pas à l'échelle internationale d'instrument juridique autonome consacré exclusivement au droit à l'eau, ce dernier bénéficie néanmoins d'une reconnaissance indirecte, mais significative, dans plusieurs instruments juridiques internationaux. On le retrouve ainsi consacré à travers divers droits fondamentaux tels que le droit à la vie, à la santé ou encore à un niveau de vie suffisant, auxquels il est intrinsèquement lié. Cette reconnaissance partielle, mais constante, atteste de la légitimité croissante de ce droit dans la sphère juridique internationale, même en l'absence d'un cadre normatif unifié.

365. Au plan national, le droit à l'eau connaît également une reconnaissance juridique notable en Guinée, portée par les textes fondamentaux et des initiatives législatives visant à sa concrétisation. Toutefois, cette reconnaissance, bien que salutaire, ne saurait être considérée comme un acquis pleinement effectif. En effet, la mise en œuvre de ce droit se heurte à de nombreuses difficultés, tant structurelles qu'institutionnelles. Les efforts entrepris par le constituant et le législateur, bien qu'encourageants, peinent à se traduire dans la réalité quotidienne des populations, souvent confrontées à un accès inégal, parfois inexistant, à une eau

potable de qualité. Il apparaît alors que ce droit, pour être effectivement garanti, doit être articulé à une vision plus globale, intégrant les exigences de durabilité écologique et les impératifs liés à la préservation des ressources naturelles.

366. L'exercice du droit à l'eau ne saurait, en effet, être dissocié des exigences de préservation de l'environnement. Ce droit doit être envisagé dans une perspective intégrée, qui prenne en compte non seulement les besoins des êtres humains, mais également ceux des écosystèmes et des autres formes de vie qui dépendent, elles aussi, de la ressource hydrique. Nos observations, étayées par des données factuelles, révèlent que de nombreuses activités humaines participent à la fois à la violation du droit à l'eau et à la dégradation de l'environnement. C'est notamment le cas dans les secteurs minier, agricole, énergétique et industriel, où les interventions, souvent motivées par des intérêts économiques immédiats, s'opèrent dans un cadre peu soucieux des principes de durabilité. L'exploitation désordonnée et parfois illégale des ressources naturelles, la pollution des cours d'eau, la déforestation massive et l'usage intensif de produits chimiques constituent autant de pratiques qui compromettent gravement la qualité et la disponibilité de l'eau.

367. La persistance de ces atteintes trouve, en grande partie, son origine dans l'état lacunaire du système institutionnel chargé de la gestion et de la protection des ressources en eau. De nombreuses structures administratives et juridictionnelles, bien que théoriquement compétentes en la matière, souffrent d'un déficit de coordination, d'un manque de moyens humains, techniques et financiers, ainsi que d'une faible capacité de régulation. Cette situation affaiblit considérablement l'efficacité de

l'action publique dans le domaine de l'eau et rend difficile l'application des normes existantes.

368. Face à ce constat préoccupant, il devient impératif de repenser en profondeur la gouvernance des ressources hydriques en Guinée. Il s'agit de promouvoir un modèle de gestion intégrée, fondé sur une vision holistique et participative de l'eau, en tant que bien commun devant être préservé pour les générations présentes et futures. Cela passe notamment par le renforcement des instruments de planification, la préservation de l'intégrité des masses d'eau, l'amélioration durable de la qualité des eaux et des services associés, et la promotion d'une gestion adaptée aux réalités du changement climatique. Il est également crucial d'encourager la valorisation économique et sociale des ressources en eau dans une perspective de croissance inclusive et de sécurité alimentaire. Enfin, une meilleure connaissance scientifique, technique et sociale des ressources en eau, ainsi qu'une diffusion plus large des informations auprès des décideurs et des citoyens, constituent des leviers essentiels pour bâtir une gouvernance de l'eau plus juste, plus efficace et durable

BIBLIOGRAPHIE

I. OUVRAGES

1. Diallo(M.), Pour une eau Durable en Guinée, Gouvernance, défis et réformes, 2025, l'Harmattan, 232p.

2. DENIS (A.), CHETAIL(V.), FROUVILLE (O,) et « autres » *Unité et diversité du droit international,* Ecrits en l'honneur du professeur Pierre-Marie, LEIDEN BOSTON, Paris, 2014, 1022 p.

3. FAVOREU (L.), GAÏA (P.), RICHARD ((G.) et « autres » *Droit constitutionnel,* Dalloz, Paris, 2015, 17e édition, 1093 p.

4. GILLET-LORENZI (E), TOURE (S), *Droit administratif des biens,* 1ère édition CNFPT, Paris, 2016, 210 p

5. GUINCHARD (S.) et DEBARD (TH.), (dir.), l*exique des termes juridique*, Dalloz. 25è éd., 2017-2018,1963 p. 210p.

6. KAMTO(M), *Le droit de l'environnement en Afrique*, EDICEF Paris, EDICEF/AUPELF, 1996, 420 p.

7. KEITA (K.A), *La protection juridictionnelle des administrés contre l'Administration en Guinée,* Harmattan Guinée, 2022, 219 p.

8. KOMARA (K.) *L'eau enjeux vital des relations internationales, Eaux transfrontalières : bombes à retardement ou facteurs de coopération et de paix* ? Cherche Midi, 2021, 215 p.

9. NEYRET (L.) et MARTIN (G.J.), (dir.), *Nomenclature des préjudices environnementaux*, LGDJ, Coll. « Droit des affaires », 2012, 456 p

10. NDOUTOUM (J.-P.) (dir.), *Manuel judiciaire de droit de l'environnement en Afrique*, Québec, IFDD, 2018, 252 p.

11. PRIEUR (M), Bastin (C.), *Mesurer l'effectivité du droit de l'environnement : des indicateurs juridiques au service du développement durable*, Centre Edgard Morin/EHESS-CNRS, Paris, 211 p.

12. SHELTON(D), KISS(A), *Manuel judiciaire du droit de l'environnement*, Nairobi, PNUED, 2006, 207 p.

II. ARTICLES SCIENTIFIQUES

1. BURGOGUE-LARSEN (L.) « Le constitutionnalisme « VERT », Much Ado About Nothing ?, pp. 911-927. in écrit à l'honneur de Pierre Marie Duphy, unité ou diversité du droit international, Leiden Boston, 2019, 1007 p

2. DE CHARZOUNES LAURENCE (B.) « Le droit à l'eau et la satisfaction des besoins humains : notion de justice », pp. 961-981, in écrit à l'honneur de Pierre Marie Duphy, unité ou diversité du droit international, Leiden Boston, 2019, 1007 p.

3. Comité des Droits Economiques, Sociaux et culturels, « *Question de fond concernant la mise en œuvre du pacte international relatif aux droits économiques, sociaux et culturels* », Observation Générale N° 15 sur le droit à l'eau. 2002,

4. DUPHY MARIE (P.), *« Le droit à l'eau : un droit international* ? » European university Institute Departement of Law, 2016, 16p.

5. FRANCONI (F.), « *la dimension environnementale des droits de l'homme entre individualisme et intérêt collectif* », pp. 949-965, in écrit à l'honneur de Pierre Marie Duphy, unité ou diversité du droit international, Leiden Boston, 2019, 1007 p

6. HERMITE (M.A.), « La nature, sujet de droit ? », Annales, Histoire, Sciences Sociales, 2011/1, n° 66, pp.173-212.

7. KLEIN (A.), « Contribuer aux objectifs de développement durable par une meilleure gestion des

ressources naturelles : le cas de l'initiative de transparence dans les industries extractives (ITIE) », Revue Annales des Mines-Responsabilité et environnement, n° 88, 2017, pp58-61.

8. LE BOT (O.), « un procès administratif adapté à la protection de l'environnement ? », Revue Annales de l'Université de Parakou, Série Droit et Science Politique, Vol.4, n° 2, 2021, 27p.

9. LEROY (Y.), « la notion d'effectivité du droit », Revue Cairn Inad, n° 9, 2015, p, 71-75.

10. NGAIDO (M), « la contribution de l'Afrique à la gestion des ressources en eau transfrontalières : l'exemple la charte de l'eau du bassin du Niger », éditions universitaires européennes, 2016, 56 p.

11. PÄQUES (M.), « l'environnement un certain droit de l'homme », Revue Tiers Monde, n° 192, 2007, 32p.

12. SANCY LENOBLE(M.), « la législation sur l'eau en République du Congo », Emery Mukendi Wafwana & Associates African-International Law Firm, 2014, 7 p.

III. THESES ET MEMOIRES

1. OLAKA (J-M.) *Le droit à l'eau,* Thèse de doctorat en Droit Public, Université Jean Moulin Lyon 3, 2008, 416 p.

2. CHIU(V.*), La protection de l'eau en droit public. Etude comparé des droits espagnol, français et italien*, 2014, Thèse de doctorat en Droit Public, Université de droit de Toulouse, 709p.

3. SAKAI (L.), *La souveraineté permanente sur les ressources naturelles et la protection internationale des droits de l'homme*, Thèse de doctorat droit international public, Université SAP PAULO, 2014, 687 p.

4. DIALLO (M.), *La contribution du juge communautaire à la construction du droit des organisations d'intégration en Afrique*, 2019, thèse de droit public, à Université Cheick Anta Diop de Dakar, 394 p.

5. DIALLO (M.), *Le contentieux de l'environnement devant le juge guinéen, Memoire, master droit de l'environnement, Mines et Développement durable, Université Général Lansana Conté de Sonfonia,* 2022, 84 p.

6. N'SINTO H.A.T. (L.), *L'effectivité du droit à l'eau face au processus de libéralisation du secteur de l'eau en Afrique subsaharien,* Thèse en droit public, Universités de Lomé et de Maastricht, 357 p.

7. MUYEMBE (FB.), *Les atteintes au droit à l'eau imputables à l'État : l'exemple de la République Démocratique du Congo*, Mémoire, Université Laval, 2020, 123 P.

8. SERGE (I.S.), *La thématique de l'environnement dans la jurisprudence de la Cour Internationale de Justice*, Mémoire, Institut des relations internationales du Cameroun (IRIC), 2011, 99 p.

IV. JURUSPRUDENCES

JURIDICTIONS INTERNATIONALES :

1. CIJ arrêt du 25 Mars *1948 Affaire Détroit de Corfou (fond), Royaume-Uni de Grande-Bretagne et d'Irlande du Nord c. Albanie. Rôle général N° 1, 9 Avril 1949.*

2. CIJ, Avis consultatif du 8 juillet 1996, *Licéité de la menace ou de l'emploi d'armes nucléaires.*

3. CIJ arrêt du 25 septembre 1997, *Affaire du projet Gabcikovo-Nagymaros, Hongrie C. Slovaquie.*

4. Tribunal Arbitral Canado-Américain, *Affaire Fonderie du Trail Canada c. États Unies) Recueil des Sentences Arbitrales, tome III, p 1907 et s, 11 Mars 1941.*

5. Tribunal Franco-Espagnol, *affaire les Eaux du Lac Lanoux (France c. Espagne) Sentence Arbitral du 16 Novembre 1957.*

JURIDICTIONS COMMUNAUTAIRES :

CEDEAO : *Affaire Barry Abdoulaye Sadio & 3 Autres C/République de Guinée* ***N° ECW/CCJ/JUD/07/2019***

JURIDICTIONS NATIONALES :

1. *Affaire demande de contrôle de conformité à la constitution et l'accord de prêt du 09 Juin 2015, Ccg*, ***Arrêt N° 005 du 25 Août 2015.***

2. *Cass. Crim. 25 sept. 2012, N° 10-82-938 : JurisData n° 2012-021445 ; Gaz. Pal. 25 oct. 2012, note B. Parance (affaire Erika).*

V. *INSTUMENTS JURIDIQUES*

INSTRUMENTS INTERNATIONAUX

1. L'ONU Pacte International relatif aux Droits Economiques et Socio-culturels du 16 Décembre 1966
2. L'ONU, Convention sur l'Elimination de toutes les formes de Discrimination à l'égard des Femmes du 18 Décembre 1979
3. L'ONU, Convention sur les Droits de l'Enfant du 20 Novembre 1989
4. L'ONU, Convention de Genève relative au Traitement des Prisonniers de Guerre de Genève du 27 juillet 1929
5. L'ONU, Convention de New-York sur l'Utilisation des Cours d'Eaux Internationaux à des fins autres que la Navigation du 21 Mai 1997.
6. L'ONU, Déclaration de Stockholm du 05 au 16 juin 1972.
7. L'OUA- UA, Charte Africaine des Droits de l'Homme et du Peuple du 26 juin 1981, Nairobi, Kenya.
8. L'OUA-UA Charte Africaine des Droits et du Bien-être de l'Enfant du 11 Juillet 1990
9. L'OUA-UA, la convention d'Alger du 15 Septembre 1968 sur la Conservation de la Nature
10. CEDEAO, Charte de l'Eau du Bassin du Niger, Mai 2005.

VI. INSTRUMETS JURIDIQUES NATIONAUX

1. La Charte de la transition de la République de Guinée du 27 Septembre 2021.
2. La Constitution guinéenne du 06 Avril 2020

3. La Constitution guinéenne du 07 Mai 2010
4. La Constitution guinéenne du décembre 1990 révisée le 11 Novembre 2001
5. La Constitution guinéenne du 14 Mai 1982
6. La constitution guinéenne du 10 novembre 1958
7. La Constitution guiéenne du 25 septembre 2025
8. La loi n° L/2019/0034/AN du 04 juillet 20219, portant code de l'environnement en République de Guinée.
9. La loi L/2019/035/AN du 04 Juillet 2019, portant Code civil de la République de Guinée.
10. L'ordonnance O/92/019 du 30 mars 1992 portant code foncier et domanial de la République de Guinée.
11. Le décret d/98/n° 100/PRG/SGG du 16 juin 1998 portant code de procédure civile économique et administrative de la République de Guinée.
12. Décret D/2023/ 0 0 09 PRG/CNRD/SGG portant attributions, organisation et fonctionnement du fond de l'hydraulique
13. La loi organique n° 2015/019/AN du 13 Août 2015 portant organisation judiciaire en République de Guinée.
14. La loi n° L/2013/053/CNT du 08 avril 2013 portant code minier amendé de la République de Guinée.
15. La loi N° 2016/059/AN portant Code pénal de la République de Guinée.
16. La loi N° 2016/060/AN portant code de procédure pénale de la République de Guinée.
17. La loi L/2017/060/AN du 12 décembre 2017 portant code forestier de la République de Guinée.
18. La loi L/94/005/CTRN du 14 février 1994 portant code de l'eau de la République de Guinée.
19. La loi L/95/51/AN/ du 29 août 1995, portant code pastoral de la République de Guinée.
20. D/2022/0042 PRG/SGG Portant organisation et attributions du ministère de l'Environnement et du Développement Durable

21. Décret D/2022/0024/PRG/SGG portant création de la Direction Nationale de l'Economie Maritime

22. Décret D/2022/0123/PRG/SGG, portant création, organisation et fonctionnement du SNAPE

VII.DOCUMENTS OFFICIELS, RAPPORTS

1. MINISTERE E LENVIRONNEMENT, DES EAUX ET FORËTS, *Politique Nationale de l'Environnement de la République de Guinée, édition 2016, 126 p.*

2. PROGRAMME D'APPUI A LA GOUVERNANCE DANS LE SECTEUR MINIER (PAGSEM*), Rapport final de l'étude stratégique environnementale et sociale (ESES) de la réforme du secteur minier en République de Guinée, Janvier 2016, 390 p.*

3. Ministère de L'Hydraulique et de l'Assainissement, Société des Eaux de Guinée (SEG), *Projet urbain eau Guinée (PUEG), Cadre de Politique de Réinstallation (CPR) actualisé – Version finale, Mars 2020, 123 p.*

4. Institut International d'Ingérie de l'Eau et de l'Environnment, *Manuel Technique de Gestion Intégrée des Ressources en Eau, Juillet 2010, 146 p*

5. Conseil Mondial de l'Eau, *Rapport sur le droit à l'eau : du concept à la mise en œuvre. Rédigé par Dubreuil Céline sous la direction de Paul Van Hofwegen, 2017, 67 p.*

6. SKINNER (G.), MACQUODALE (R.) ET DE SCHUTTER (O.), *Le troisième pilier : l'accès à la justice dans le cadre des atteintes aux droits de l'homme commises par les entreprises multinationales*, déc. 2013.

7. Human Right Watch, Rapport « *Nous devons tout abandonner » Impact du barrage de Souapiti sur les communautés déplacées en Guinée* », Avril 2020, 95 p.

VIII. SOURCES INTERNET

1. https://www.aquaportail.com/definition-9038, site consulté le 13 décembre 2022.
2. http://www.snapeguinee.org/l-equipe.html consulté le 07 Novembre 2022
3. https://peches.gov.gn/le-ministere/#objectifs, consulté le 13 Août 2022
4. https://www.sgg.gov.gn/
5. www.dictionnaire-environnement.com, Consulté le 12 Octobre 2022.
6. https://www.vie-publique.fr site consulté le 13 décembre 2022.
7. http://www.courtecowas.org/fr/la-cour/, site consulté le 13 septembre 2022
8. https://www.african-court.org/ site consulté le 28 février 2023
9. https://www.wipo.int/amc/fr Site consulté le 24 Décembre 2022.
10. https://www.icj-cij.org/fr/ site consulté le 13 Décembre 2022.
11. https://guineelive.com/ site consulté le 11 Novembre 2022
12. Www ? Visionguinée.com site consulté le 12/12/2024

TABLE DES MATIÈRES

Structures éditoriales du groupe L'Harmattan

L'Harmattan Italie
Via degli Artisti, 15
10124 Torino
harmattan.italia@gmail.com

L'Harmattan Hongrie
Kossuth l. u. 14-16.
1053 Budapest
harmattan@harmattan.hu

L'Harmattan Sénégal
10 VDN SICAP AMITIE 3
BP 45034 Dakar-Fann
direction@senharmattan.com

L'Harmattan Cameroun
Tsinga/Derrière polyclinique FECAFOOT
BP 11486 Yaoundé
Jacques.koukam@harmattan.fr

L'Harmattan Burkina Faso
Villa 281, secteur 23 623, rue 14.32
Ouagadougou
zagbie@outlook.fr

L'Harmattan Guinée
Almamya, rue KA 028 OKB Agency
BP 3470 Conakry
harmattanguinee@yahoo.fr

L'Harmattan RDC
185, avenue Nyangwe
Commune de Lingwala – Kinshasa
matangilamusadila@yahoo.fr

L'Harmattan Congo
219, avenue Nelson Mandela
BP 2874 Brazzaville
deunovmikhael@gmail.com

L'Harmattan Mali
Immeuble Mgr Jean Marie Cissé
Aci Hamadallaye
BP 145 Bamako
syllaka@yahoo.fr

L'Harmattan Togo
Djidjole – Maison Amela
face EPP BATOME
02 BP 20680 Lomé
didieramela11@gmail.com

L'Harmattan Côte d'Ivoire
Résidence Karl – Cité des Arts
Abidjan-Cocody
03 BP 1588 Abidjan
harmattan.ivoire@gmail.com

L'Harmattan Bénin
Rue 604, (Immeuble à l'entrée
de la rue UCAO- Cite de Saint-Jean)
Cotonou
stepcorpus@gmail.com

Nos librairies en France

Librairie internationale
16, rue des Écoles
75005 Paris
librairie.internationale@harmattan.fr
01 40 46 79 11
www.librairieharmattan.com

Librairie des savoirs
21, rue des Écoles
75005 Paris
librairie.sh@harmattan.fr
01 46 34 13 71
www.librairieharmattansh.com

www.ingramcontent.com/pod-product-compliance
Lightning Source LLC
LaVergne TN
LVHW021209061026
849535LV00008B/2638
* 9 7 8 2 3 3 6 6 0 1 1 4 4 *